스님의 청소법

KATAZUKERU ZEN NO SAHO
By Shunmyo MASUNO
© Shunmyo MASUNO 2015, Printed in Japan
Korean translation copyright © 2025 by UKNOW CONTENTS GROUP Co., Ltd.
First published in Japan by KAWADE SHOBO SHINSHA Ltd. Publishers, Tokyo.
Korean translation rights arranged with KAWADE SHOBO SHINSHA Ltd. Publishers, Tokyo.
through Imprima Korea Agency.

이 책의 한국어판 저작권은 Imprima Korea Agency를 통해
KAWADE SHOBO SHINSHA Ltd. Publishers와 독점 계약한 유노콘텐츠그룹에 있습니다.
저작권법에 의해 한국 내에서 보호를 받는 저작물이므로 무단전재와 무단복제를 금합니다.

쓸고 닦고 버리고 정리하는 법

스님의 청소법

마스노 슌묘 지음 · **장은주** 옮김

· 들어가며 ·

좋은 운과 기회를 잡으려면 청소부터 시작하라

지금 우리는 아주 편리한 세상을 살고 있습니다. 수많은 물건에 둘러싸여 물질적으로 더없이 풍요롭죠. 하지만 우리의 마음은 어떤가요? 많은 사람이 깨닫고 있습니다. 물질적 풍요로움은 이뤘지만, 마음의 풍요로움은 얻지 못했음을 말입니다.

옛날에는 텔레비전도, 컴퓨터도, 휴대전화도 없었습니다. 특급 열차도, 비행기도 없었습니다. 만약 물질적 풍요로움이 행복의 목표라면, 당시 사람들과 비교하여 우리는 수백 배, 아니 수천 배는 행복해야만 합니다. 하지만 실제로는 어떤가요?

자연을 가까이에서 느끼고, 손수 키우고 만드는 기쁨을 실감하며, 무언가에 인생을 걸고 열심히 살았던 당시 사람들이 어쩌면 지금보다 훨씬 만족스러운 삶을 살았을지도 모릅니다.

지금을 살아가는 우리가 풍요로운 마음으로 살기 위해 할 수 있는 일은 무엇일까요? 그것은 군더더기를 걷어 내고 가능한 한 심플해지는 것입니다. '선(禪, 선종)'은 이 '가능한 한 심플해지기 위한 방법'을 가르칩니다.

어느샌가 익숙해진 군더더기 물건들을 철저하게 버리다 보면 그 무엇에도 사로잡히지 않는 '무심(無心)'의 경지에 이릅니다. 그곳에 있는 것은 본래의 자신이며 지금의 생활에 만족하는 마음입니다.

선은 세계적으로 'ZEN'이라는 말로 통용됩니다. 승복 차림으로 해외를 여행하면 "당신은 선승입니까?"라고 말을 건네는 분들이 종종 있습니다. '진정한 풍요로움이란 무엇일까?'에 대한 답을 찾아다닌 끝에, 동양에서 생겨난 선의 사고방식에 세계의 이목이 쏠리고 있음을 피부로 느낍니다.

 선에서 가장 중시하는 수행 가운데 하나가 '청소'입니다. 선사에 가 보면 알 수 있습니다. 경내에는 먼지 한 톨 떨어져 있지 않습니다. 법당은 늘 반들반들 닦여 있습니다. 선에서는 청소를 마음의 먼지를 털어 내고 자신을 닦는 것으로 생각합니다.
 이 책에서는 청소를 통해 군더더기 물건을 정리하고 심플하게 살아가는 방법과, 선의 사고방식을 도입하여 풍요로운 마음으로 살기 위한 힌트를 전합니다. 할 수 있는 것부터 하면 됩니다. 이 책을 손에 쥐고 먼저 청소를 시작해 보세요.

어느 날 문득, 이런저런 번민으로 괴로워했던 것들의 답이 보이게 될지도 모릅니다.

어느 날 문득, 새로운 길이 열릴지도 모릅니다.

어느 날 문득, 마음만이 아니라 경제적으로도 풍요로워져 있을지 모릅니다.

뭔가를 위해 청소하는 것은 아닙니다. 그저 청소함으로써 바라든 바라지 않든 그것과는 별개로 '결과'가 따를 뿐입니다. 지금 할 수 있는 일을 담담히 합니다. 이것이 선의 정신입니다.

일상을 풍요롭게 하는 데 청소만큼 좋은 방법은 없습니다. 당신이 앞으로 충실한 삶을 꾸려가는 데 이 책이 도움이 된다면 행복하겠습니다. 합장.

마스노 슌묘

• 차례

들어가며 좋은 운과 기회를 잡으려면 청소부터 시작하라   4

1장 | 집도 마음도 하루 세 번 청소하라
왜 청소인가

무엇을 청소할 것인가	15
청소가 수행이 되는 순간	18
집안에 들어갈 때 신발을 벗어야 하는 이유	21
귀가길은 속세를 하나씩 정리하는 시간이다	24
방은 내 마음 상태를 보여 준다	27
물건을 버리는 것은 마지막의 마지막에	30
물건에 두 번째, 세 번째 생명을 주는 법	33
진짜로 '아까운 것'이란 무엇인가	36
모든 물건은 100명을 거쳐서 온다는 걸 기억하라	39
"하루 일하지 않으면 하루 먹지 않는다"	42
어수선한 방에서는 마음도 잡음으로 소란스럽다	45
모든 사람의 마음 속에 있는 것	48
자신이 소중한 만큼 공간에 신경 쓸 것	51
집안에 '빈' 공간이 필요한 이유	54
있어야 할 곳에 있게 한다	57

2장 | 스스로 몸을 움직이는 것부터 시작하라
수행 청소법

왜 귀찮다고만 생각하는가	63
무심히 몸을 움직이면 찾아오는 것	66
그때그때 치우면 아낄 수 있는 것	69
청소 도구는 왜 심플할수록 좋은가	72
손수 만든 도구로 하는 즐거운 청소	75
집착의 때를 벗기는 법	78
자신을 다스리면 표정이 달라진다	81

3장 | 비록 청소일지라도 계획을 세워라
리셋 청소법

집중적으로 방을 리셋하는 기간부터 정하라	87
계획표를 만들어 순서대로 정리하기	90
작업 속도를 높이는 '버리기 기준' 세우는 법	93
물건에 담긴 마음의 깊이를 가늠하라	96
물건을 정리할 때는 과감한 결단이 필요한 순간	99
동료가 있으면 청소가 쉬워지는 이유	102
당신의 청소하는 모습이 가족을 변화시킨다	105

4장 | 아침마다 5분만 투자해 청소하라
아침 청소법

아침 청소로 하루를 산뜻하게 하라	111
창문을 활짝 열고 상쾌한 바람을 들이면 바뀌는 것	114
왜 자신만의 청소 스타일이 중요한가	117
100일 동안 들이는 청소의 습관	120

5장 | 있어야 할 것을 있어야 할 곳에 두라
습관 청소법

현관은 자기 얼굴과 같다고 생각하라	125
"자신의 발밑부터 잘 살펴보라"	130
손님을 환대하기 위한 공간을 만들어 보자	133
거실은 가장 쉬기 편한 공간으로	136
마음을 기댈 수 있는 공간 만들기	139
하루 한 번 두 손 모으기로 평온한 하루를 만들라	142
욕실과 화장실에도 부처가 계신다	145
부엌은 생명의 양식을 만드는 중요한 공간	150
식기는 가능한 한 단순하게	155
'더하기' 대신 '빼기'로 정돈하라	159
철마다 옷을 분류할 때 함께 정리하라	162
매일 책상을 정리하면 생기는 일	165
서류와 파일은 그때그때 정리한다	168
가방 속 물건들도 분류해서 정리하기	171
우편물은 그날그날 처리하는 것이 철칙	174
언제든 자연을 가까이에서 느낄 장소를 만든다	177
정원 청소는 관찰부터	182

| 6장 | **인생을 바꾸고 싶다면 환경부터 바꿔라**
풍요로운 삶으로 |

지금 사는 공간을 소중히 해야 하는 이유	187
청소로 일상의 진리를 실감하는 법	190
청소와 깨달음의 상관관계	193
심플해지면 본래의 자신으로 되돌아갈 수 있다	198
좋은 운을 부르는 기운을 만드는 청소	201
아침 청소로 보름 만에 자세를 바꾸는 법	204
청소 하나로 욕망에서 벗어나기	207
충동구매를 할 것 같으면 크게 심호흡한다	210
정원은 마음을 안정시킨다	213
자연의 법칙에서 찾는 마음의 풍요	216
기쁘게 버리는 마음을 키워 나간다	219
청소를 통해 덕을 쌓는다	222
아름다운 꽃도 정성을 들여야 피는 것처럼	225
머리가 아닌 몸을 움직여야 피와 살이 된다	228
내 행동을 다스리는 것부터 시작하라	231
깨끗한 공간에서 마음을 리셋하라	234
매일 아침을 좌선으로 시작하면 바뀌는 것들	237
좌선을 위한 7단계 방법	240
마음을 가다듬으면 기회가 다가온다	246

| **나가며** | '이 정도면 할 수 있다'라는 마음가짐으로 | 249 |

1장

집도 마음도
하루 세 번
청소하라

왜 청소인가

무엇을
청소할 것인가

　수행승이 있는 선사에서는 아침저녁으로 철저하게 청소합니다. 경내를 구석구석 깨끗이 쓸고 법당을 공들여 닦습니다. 더러워서 청소하는 게 아니라 '자신의 마음을 닦기 위해' 청소합니다.

　선사에 갔을 때 '기분 좋다', '상쾌하다'라고 느낀 적은 없나요? 또는 잘 다듬어진 정원이나 법당에서 등줄기가 쫙 펴지는 느낌이 든 적은 없나요? 선사를 찾는 것만으로 기분이 좋아지고 팽팽한 기운이 드는 것은 말이 아닌 '공간 그 자체'가 설법을 하고 있기 때문입니다.

만약 경내에 잡초가 무성하고 법당 안에도 휴지가 널브러져 있다면 어떨까요? 불쾌한 기분이 들어 한시라도 빨리 떠나고 싶어지겠죠. 아름답게 정돈된 공간은 그곳에 머무는 사람의 마음까지도 아름답게 합니다. 또한, 청소하는 행위 그 자체가 사람의 마음을 빛나게 합니다.

우리는 원래 한 점 흐림도 없는 거울 같은 마음을 지니고 태어났습니다. 그렇지만 살아가면서 마음에 여러 가지 티끌과 먼지가 쌓입니다. 이를테면 '저 사람은 ○○한 사람이다'라는 선입견이나 '어떻게든 ○○을 손에 넣고 말겠다'라는 집착 같은 것들입니다.

그런 티끌과 먼지가 한 점 흐림도 없는 거울 같은 마음을 흐리게 합니다. 실제로는 그렇지 않을지도 모르는데 말입니다. 선입견이나 집착에 휘둘려 괴로운 것은 다름 아닌 자신입니다. 그러한 마음의 티끌이나 먼지가 묻지 않도록 항상 깨끗이 닦아야 합니다.

더러움 하나를 털어 내면 그만큼 마음이 가벼워집니다. 티끌 하나를 걷어 내면 그만큼 기분이 상쾌해집니다. 흐려진 마음을 닦아 반짝반짝 빛낸다는 생각으로 청소를 합시다. 정돈된 공간에서 지내면 마음 역시 흐려지기 어렵겠지요.

청소란 더러움을 털어 내는 것이 목적이 아닙니다. 당신의 마음을 닦는 것입니다.

청소가
수행이 되는 순간

수행승들의 생활은 24시간이 오롯이 수행입니다. 청소나 밭일, 비품 관리 등을 비롯한 절 운영에 관한 잡무를 모두 '작무(作務)'라고 부르며 좌선과 같은 수행으로 여깁니다. 그 가운데 청소는 중요한 작무의 하나입니다.

조계종 대본산의 수행승들이 수행하는 사원에서는 매일 오전 4시면 하루를 시작합니다. 몸가짐을 단정히 하고 좌선을 한 다음 아침 근행(독경 또는 예배—옮긴이)을 합니다. 그 뒤에 일제히 청소를 하고 아침을 듭니다.

그 외에 오전과 점심 후, 최소한 하루 세 번은 청소합니다. 바람으로 먼지가 날리는 날이면 한두 번은 더 걸레질하므로 하루에 다섯 번씩 청소하는 일도 흔합니다.

그래서 어딜 가나 바닥이 광택제를 칠한 것처럼 윤이 납니다. 특히 복도는 거울 같습니다. 특별한 청소 세제를 사용하여 닦는 게 아닙니다. 걸레로 물청소를 합니다. 그것만으로도 얼굴이 비칠 만큼 반들반들 윤이 납니다.

복도를 청소할 때는 걸레를 손에 쥔 여러 명의 수행승이 복도에 나란히 줄지어 동시에 출발합니다. 십수 미터나 되는 복도를 맹렬한 기세로 달려 나가면서 걸레질을 합니다. 끝까지 가면 되돌아서 다시 출발 지점을 향해 걸레질합니다. 그곳에서 또 한 번 걸레질하니까 같은 곳을 모두 세 번 닦게 됩니다.

한 그룹이 다음 장소로 옮기면 그다음 그룹이 계속해서 같은 곳을 같은 순서로 닦습니다. 수십 명이나 되는 수행승이 하루 세 번씩 이렇게 청소하니 깨끗하지 않으려야 않을 수가 없겠지요.

 왜 같은 곳을 수십 번, 수백 번이나 닦을까요? 아름다운 것을 더욱 아름답게 빛내기 위함입니다. 깨끗한 곳을 닦고 또 닦아 청결히 하기 위함입니다. 온 힘을 다하니 고작 청소라고 해도 상당한 체력을 사용합니다. 겨울은 손끝과 발끝이 아릴 만큼 춥고 여름은 땀방울이 뚝뚝 떨어질 만큼 덥습니다.
 하지만 열심히 걸레질한 뒤, 윤이 나는 복도를 볼 때의 상쾌함은 무엇에도 견줄 수 없습니다. 그곳에는 자신들의 마음이 닦인 증거가 있기 때문입니다.

집안에 들어갈 때
신발을 벗어야 하는 이유

집안에 들어갈 때 왜 현관에서 신발을 벗는지 알고 있나요? 물론 흙이나 먼지 등을 집안에 들이지 않기 위함이지만, 실은 그보다 더 깊은 의미가 있습니다.

예전에는 신발을 나타내는 한자로 '沓(답)'이라는 글자를 썼다고 합니다. 일본에서는 이 한자를 '부정(不淨)'이라는 의미의 '게가레(けがれ)'와 같은 발음으로 읽습니다. 즉, 현관에서 신발을 벗는 행위에는 밖에서 묻은 부정함을 털어 집안으로 들이지 않는다는 중요한 의미가 담긴 것입니다.

 한 걸음만 나서면 일곱 명의 적이 있다고 할 만큼, 우리는 밖에서 많은 스트레스를 받습니다. 물건을 사거나 간단한 일을 처리하는 데도 불특정 다수와 접해야 하므로 때론 화가 나거나 불쾌해질 때도 있습니다. 회사나 학교에서도 당연히 사람들과 부딪치거나 원하는 대로 일이 풀리지 않을 때가 있습니다.
 집은 그런 스트레스와 피로를 리셋하여 새로운 자신으로 되돌리는 중요한 장소입니다. 만약 그런 곳이 어질러져 있다면 어떨까요? 겨우 현관에서 부정함을 털어 냈는데 집안에서 새로운 스트레스가 생기겠지요.

 집 밖에서 우리는 많든 적든 격식을 차립니다. 항상 마음의 준비가 된 상태, 말하자면 '임전태세(臨戰態勢)'입니다. 하지만 집에 돌아오면 누구나 밖에서 몸에 휘감고 있던 갑옷을 벗고 한숨 돌립니다. 공(公)의 얼굴에서 사(私)

의 얼굴로 되돌아오는 공간, 그곳이 바로 집입니다.

절이나 신사에서는 '정역(淨域)'이라고 합니다. 신불(神佛)이 계신 청정한 공간이라는 의미입니다. 신불을 섬기는 자는 고귀한 신불에 어울리는 공간을 만들기 위해 그곳을 꼼꼼히 쓸고 깨끗이 닦아 청결하게 합니다.

소중한 자신과 가족이 사는 집도 마찬가지입니다. 늘 청결하고 신성한 장소가 되어야만 합니다.

귀가길은 속세를
하나씩 정리하는 시간이다

　사찰로 향하는 길에는 반드시 참배길이 있습니다. 참배길을 한참 걸어가야 사찰 입구가 나옵니다. 큰 사찰이라면 법당에 이르기까지 긴 참배길과 몇 개의 문을 거쳐야만 합니다. 얼핏 무의미해 보이는 이러한 장치에도 이유가 있습니다. 참배하기까지의 '거리'와 '시간'이 중요한 요소가 되기 때문입니다.

　만약 참배길이 없다면, 문만 거치고 바로 참배하게 됩니다. 일상의 황망함을 끌어안은 채 신불과 마주하는 것입니다. 그래서는 마음의 준비를 할 겨를이 없겠지요. 참배길에는 시간을 들여 긴 거리를 걷는 동안 몸과 마음을 가다듬는다는 의미가 있습니다.

참배 전에는 참배길 옆에 놓인 손 씻는 대야의 물로 손과 입을 청결히 합니다. 손과 입을 씻는 행위를 통해 실제로 손만이 아니라 마음도 맑게 가다듬습니다. 일본 사찰에는 손 씻는 대야가 있는데, 여기에 '세심(洗心)'이라는 글자가 새겨져 있기도 합니다. 글자 그대로 신불과 마주하기 전에 마음을 씻어 맑게 하라는 의미입니다.

이를 응용하여, 역을 나와 집까지 걷는 길을 참배길이라고 생각해 보면 어떨까요? 개찰구가 산문(山門)입니다. 모퉁이 하나를 돌 때마다 밖에서 붙어 다니던 이력이나 역할을 하나씩 벗어던집니다. 등에 지고 있던 간판도 내려놓습니다.

'마지막 모퉁이를 돌면 누굴 만날 일도 없으니 넥타이를 조금 느슨하게 풀자', '아파트 현관에 들어서면 재킷을 벗자' 같은 규칙을 만드는 것도 괜찮지 않을까요? 아니면 버스나 자전거, 차를 이용하는 사람도 자기 나름의 기준을 설정하여 기분 전환을 목표로 삼아 보면 어떨까요?

사람은 현관 출입문 하나로는 좀처럼 기분이 전환되지 않습니다. 그러니 귀갓길을 참배길로 삼아 보는 겁니다. 그날 있었던 일을 잊고, '있는 그대로'의 자신으로 돌아와 현관문을 엽니다. 현관문을 열고 집에 들어섰을 때 그곳이 청결한 공간이 되어 있어야 함은 말할 것도 없겠지요.

방은
내 마음 상태를 보여 준다

 방안이 아무리 어질러져 있어도 전혀 개의치 않는다는 사람이 종종 있습니다. 청소가 좋다는 건 알지만, 바쁘니까 그냥 넘어갈 수밖에 없다는 이야기도 자주 듣습니다.

 하긴 방이 아무리 지저분한들 목숨을 앗아 가지는 않습니다. 아무리 어수선한 방이라도 지붕만 붙어 있으면 비바람을 피해 살아갈 수 있습니다. 하지만 지금 사는 그 방이 당신의 마음 상태를 고스란히 비추고 있는 거라면…… 당장 정리하고 싶은 마음이 들지 않을까요?

말끔하게 정리된 방에 사는 사람은 마음도 산뜻해서 헛된 생각이나 고민에 잘 휘둘리지 않습니다. 어디에 무엇이 있는지 훤하게 꿰고 있어 물건을 찾느라 이리저리 헤맬 일도 없습니다.

한편, 발 디딜 틈 없이 어수선한 방에 살고 있으면 마음 편히 쉴 수 있는 여유를 좀처럼 갖지 못합니다. 뭐 하나 하려 할 때마다 물건을 치우거나 찾는 일부터 시작해야 합니다. 그래도 아무렇지 않다면 어수선한 상태가 당연해져 있다는 것입니다. 감각이 마비되어 어질러진 상태에 익숙해진 것입니다. 정말 무서운 일이 아닌가요.

타인의 시선으로 자신의 방을 바라봐 주세요. 마음 상태가 고스란히 밖으로 드러나 있다는 생각으로 자신의 방을 바라보세요. 신선한 눈으로 방을 바라보면 무엇이 느껴지나요?

석가모니는 "마음은 산란해지기 쉽다. 그러니 바르게 통제할 필요가 있다"라고 말씀하셨습니다. 방도 마찬가지입니다. 내버려 두면 바로 먼지가 쌓이고 여기저기 물건이 어질러집니다.

하지만 지금 당신의 방이 어질러져 있더라도 걱정할 필요는 없습니다. 정리한 방에서 생활하기 시작하면 바로 그 상쾌함을 맛볼 수 있습니다. 그러면 그 상태를 유지하고 싶어져 어느샌가 깨끗한 방을 기준으로 청소하게 될 것입니다.

물건을 버리는 것은
마지막의 마지막에

방을 정리하려고 마음먹었을 때, 맨 먼저 할 일은 필요 없는 물건을 처분하는 것입니다. 우리 주위에는 정말이지 '필요 없는 물건'이 넘쳐납니다. 하지만 아까워서 도저히 처분하지 못하겠다는 사람도 꽤 있습니다.

그럴 때는 버리기 전에 다양한 방법을 궁리해 봅시다. 먼저 그 물건을 전혀 다른 용도로 활용해 보는 단계입니다. 이는 원래 다도(茶道)에서 생겨난 정신으로, 선 문화에 깊이 뿌리내린 사고방식입니다. 사찰의 정원인 '가레산스이(枯山水, 물을 사용하지 않고 돌과 모래 등으로 산수의 풍경을 표현한 것—옮긴이)'가 흰모래를 물의 흐름에, 돌을 산에 비유하여 대자연을 표현하는 것과 같은 맥락입니다.

예를 들면, 이가 나간 컵으로 물을 마실 수는 없지만 화병으로는 꽤 멋지게 사용할 수 있습니다. 오래된 옷도 쿠션 커버나 장바구니 등으로 변신시켜 봅니다. 버리기 전에 뭔가 다른 물건으로 활용할 방법이 없을지를 먼저 생각해 봅니다.

망가진 물건이 있다면 새것으로 사서 바꿀 게 아니라 수리해 쓰는 것도 중요합니다. 일본 사찰에서는 4와 9가 붙는 날을 49일이라 하여 정발(淨髮, 승려가 삭발하는 것을 이르는 말—옮긴이)하고, 목욕을 하거나, 망가진 물건을 수리하는 날로 정해 놓았습니다. 가사나 옷, 작업복이 터져 있으면 이날 꿰맵니다.

정기적으로 수리하는 날을 정해 놓음으로써 물건의 소

중함을 일깨웁니다. 먼지가 뽀얗게 쌓인 전자 제품도 수리하면 제법 잘 사용할 수 있습니다. 그 외에 재활용품점이나 알뜰시장 등에 내어 필요한 사람에게 양도하는 방법도 있습니다.

마지막의 마지막에 다양한 방법을 전부 검토하고 그래도 버리는 수밖에 없다고 생각될 때 버립니다. 이 방법으로 물건을 처분하는 습관을 들이면 방을 정리하는 것뿐 아니라 물건을 소중히 여기는 마음도 저절로 생겨납니다.

물건에 두 번째,
세 번째 생명을 주는 법

물건을 버리기 전에 다른 역할을 부여할 수 없을지 고민하고, 다른 용도로도 활용해 보는 것은 의외로 생활에 즐거움과 마음의 여유를 줍니다.

내가 주지로 있는 절에서는 매년 섣달그믐날에 '만등 제야의 종' 행사를 개최하는데, 이 행사 역시 이런 활용의 정신에서 비롯되었습니다. 그날은 대나무로 공간을 디자인하고, 대나무 마디에 3,000개의 초를 꽂아 불을 밝힙니다. 희미한 어둠 속에 떠오르는 촛불의 아름다움은 가히 환상적이라 매년 많은 참배객에게 즐거움을 선사합니다.

이 3,000개의 초를 꽂은 대나무는 경내에서 벌채한 대나무를 활용합니다. 생육이 왕성한 대나무는 매년 적절하게 벌채하지 않으면 통풍이 나빠져 대나무 숲 전체에 나쁜 영향을 미치기 때문에 매년 많은 양의 대나무가 잘려 그대로 쓰레기가 됩니다.

그래서 버리기 전에 달리 이용할 방법이 없을지 고심한 끝에 촛대로 바꿔 보았습니다. 해마다 내가 가르치는 다마미술대학 학생들이 실습을 겸해 기획 운영하여 멋지게 연출해 주고 있습니다.

섣달그믐날 경내를 물들였던 대나무에게는 세 번째 생명도 주어집니다. 이번에는 가마에서 구워 낸 '대나무 숯'이 됩니다. 대나무 숯은 방이나 냉장고 탈취제 역할도 하지만, 밥을 지을 때 넣으면 수돗물의 알칼리성을 제거하여 밥맛을 살립니다. 신도들에게 선물하면 아주 좋아합니다.

그러나 가장 좋아하는 것은 대나무 자신일지도 모릅니다. 한 차례 쓸모없다고 베어진 대나무가 두 번째, 세 번째 생명을 얻어 많은 사람의 눈을 즐겁게 하고 생활에 도움을 주고서 제 명을 다할 수 있으니까요.

버리면 그저 쓰레기에 지나지 않는 물건을 활용의 정신으로 손품을 들입니다. 마음과 손을 어떻게 사용하느냐에 따라 물건은 몇 번이나 새 생명을 얻을 수 있습니다.

그뿐만이 아닙니다. 우리 자신의 마음에도 새로운 기쁨이나 풍요로움이 생겨납니다. 물건을 바로 버리지 않고 그에 앞서 다른 생명을 부여하는 궁리, 그것이 지혜 아닐까요.

진짜로 '아까운 것'이란 무엇인가

종종 아깝다는 생각에 얽매여 버릴 물건을 버리지 못할 때가 있습니다. 필요 없는 물건은 가지고 있어 봤자 물건이 원래 다해야 할 역할을 다하지 못하고 잠들어 있는 상태, 즉 사장(死藏)에 지나지 않습니다. 생명을 부여받아 태어났는데 그 생명을 살리지 못하고 사장되는 상태야말로 진짜 아까운 게 아닐까요.

필요 없는 물건의 처분을 미루는 데 따르는 폐해는 또 있습니다. 처분해야 할 물건이 눈에 띌 때마다 뇌리에 '아직 그대로다. 얼른 정리해야 하는데…'라는 생각이 스칩니다. 그 생각은 순간 사라졌다가도 여러 번 반복되는 사이, 마음에 생채기를 냅니다.

쓱싹 정리하면 깔끔한 방에서 기분 좋게 생활할 수 있는데 자꾸만 미루니, 이것이야말로 아까운 일이 아닌가요? 이 배경에는 물건을 소유하는 것이 풍요롭다고 여기는 가치관이 있기 때문일지도 모릅니다. 하지만 과연 그럴까요?

선에서는 간소한 생활 스타일을 중시합니다. 의식주 모두 불필요한 것을 가능한 한 배제하고 심플하게 살아갑니다. 그곳에서 가치를 찾아냅니다. 그런 생활 속에서만 정신이 맑게 닦여 진리에 가까워진다고 믿기 때문입니다.

간소하게 산다고 하여 질 낮은 물건이나 값싼 물건을 억지로 사용하거나 주변에 두는 게 아닙니다. 정말 필요하다면 고가의 물건이더라도 갖추고, 그 대신 소중하게 오래 사용합니다. 싼 물건을 쓰고 버린다는 사고도, 필요 없는 물건을 주변에 쌓아 둔다는 사고도 아닙니다.

사람이 살아가는 장소와 마음 본연의 모습은 밀접한 연관을 맺고 있습니다. 필요 없는 물건에 둘러싸인 방에서 살아가면 마음속에도 필요 없는 감정이나 피로가 쌓입니다.

사람들은 변화에 당혹스러워합니다. 익숙해진 방을 바꾸고 익숙해진 물건을 없애려면 용기가 필요할지도 모릅니다. 그러나 마음을 다잡고 일단 한 걸음 내딛어 보세요. 분명, 마음이 맑고 투명해질 것입니다.

모든 물건은 100명을 거쳐서 온다는 걸 기억하라

어떤 물건이라도 만들어져 내 손에 이르기까지는 최소 백 명의 손길이 닿아야 한다고 합니다. 슈퍼마켓에서 사는 채소를 예로 들어 볼까요?

먼저 농부가 밭을 갈고 씨앗을 뿌립니다. 정성껏 길러 수확한 채소는 선별장으로 옮겨집니다. 그곳에서 담당자는 채소를 선별하여 상자에 담고, 그 상자는 다시 운송업자의 트럭에 실려 도매시장으로 옮겨집니다. 슈퍼마켓의 매입 담당자가 도매상에게서 사들인 채소는 각 점포 담당자의 손에 의해 드디어 진열대에 놓입니다.

　이뿐만이 아닙니다. 그 외에도 많은 사람이 관계하고 있습니다. 채소의 씨앗을 개발하는 사람, 채소 담을 상자나 팩을 만드는 사람, 채소를 옮기는 트럭을 만드는 사람, 트럭을 정비하는 사람……. 이렇게 생각하면 적어도 백 명은 되지 않을까요?

　채소 하나도 우리 손에 들어오기까지는 많은 사람의 마음이 담겨 있습니다. 설령 대량 생산한 물건이라도 만들어진 배경에는 여러 사람의 존재와 마음이 있습니다. 그렇게 생각하면 어느 하나도 허투루 할 수 있는 것은 없습니다.

　석가모니는 모두가 버린 낡은 천을 주워 모아 쓸 만한 부분을 서로 꿰매어 가사(袈裟)로 만들었습니다. 사람들이 거들떠보지도 않는 오물 닦은 천을 모아 사용했다 하여 '분소의(糞掃衣)'라고 불리며, 지금도 그 고사를 받들어 승려가 몸에 걸치는 가사는 작은 천 조각을 서로 꿰매어 만듭니다. 어떤 물건이라도 헛되이 하지 않는 석가모니의 정신이 가사에 이어지고 있습니다.

그 가사를 몇 년째 손수 바느질하여 만들어 주는 신도가 계십니다. 작은 천 조각을 한 장 한 장 정성껏 꿰매어 가사로 만들어 주십니다. 그 가사 한 벌에 얼마나 공을 들였을지, 얼마나 정성이 담겼을지 생각하면 한없이 고마울 따름입니다.

물건 자체에 담긴 마음, 그리고 그것이 자기 손에 들어오기까지 걸린 시간과 노력을 생각한다면 누구나 저절로 물건을 소중히 하려는 마음이 들지 않을까요.

"하루 일하지 않으면
하루 먹지 않는다"

불교의 탄생지 인도에서 승려는 탁발만으로 생활했습니다. 승려의 본분은 수행이라 노동은 일절 하지 않았습니다. 먹을거리나 입을거리 등 생활에 필요한 물건은 모두 탁발이나 보시로 마련했습니다.

그 후 불교가 전해진 중국에서는 마을에서 떨어진 산속에 사원이 지어지면서, 탁발하러 갈 수 없는 승려가 직접 밭을 갈아 작물을 재배하고 장작을 패어 연료로 쓰며 생활하게 되었습니다. 선종에서는 이러한 노동이 모두 수행의 일환으로 자리매김했습니다. 이것이 앞서 말한 작무의 시작입니다.

당나라 선승 백장선사는 "하루 일하지 않으면 하루 먹지 않는다"라는 말을 남겼습니다. 지금 이 말은 "일하지 않은 자는 먹어서는 안 된다"라는 의미로 사용되기도 하는데, 실은 그렇지 않습니다.

그날 하루 열심히 일하고 그날의 식사를 한다, 매일 게을리 하지 않고 그날의 일에 전념하여 그날 분량의 음식을 취한다는 의미입니다. 즉, 백장선사는 하루의 일을 모자라지도 넘치지도 않게 해 나가는 것의 중요함을 설법했던 것입니다.

백장선사는 여든을 넘긴 고령에 들어서도 매일 밭농사를 거르지 않았다고 합니다. 차마 그 모습을 볼 수 없었던 제자들이 어느 날 몰래 선사의 농기구를 감췄습니다. 그러자 선사는 그날부터 아무것도 입에 대지 않았고, 제자들은 당황하여 농기구를 되돌려 놓았다고 합니다. 그

때 백장선사가 했던 말이 앞서 나온 "하루 일하지 않으면 하루 먹지 않는다"입니다.

선의 사고방식은 아주 단순합니다. 그날 해야 할 일을 그날 분량만큼 그저 담담히 하면 됩니다. 어질러진 방을 내버려 두면 저절로 정리되지 않습니다. 더러움이 감쪽같이 사라져 깨끗해질 일도 없습니다. 거듭 말하자면, 더럽혀진 공간에 있는 자신의 마음이 맑아질 리도 없습니다.

날마다 마음을 청소한다는 요량으로 그날 정한 만큼 계속 청소합니다. 그러면 깨끗한 방은 물론 마음까지도 온화하게 가꾸어 갈 수 있을 테니까요.

어수선한 방에서는
마음도 잡음으로 소란스럽다

우리 주위에는 다양한 정보가 넘쳐납니다. 인터넷, 휴대전화, 텔레비전, 잡지……. 지금의 삶은 마치 정보의 바다에 떠 있는 듯합니다. 정보는 확실히 편리합니다. 특히 인터넷과 휴대전화는 현대인의 생활을 극적으로 바꾸어 놓았습니다.

하지만 그 가운데 꼭 필요한 정보는 얼마나 될까요? 어쩌면 우리는 정보가 너무 많아 시간을 헛되이 낭비하거나, 오히려 불안이나 욕심을 부채질하고 있는 게 아닐까요? 정보에 휘둘려 자기가 정말 하고 싶은 게 뭔지 보지 못하는 사람도 많습니다. 또한, 새로운 정보를 알면 알수록 주저함도 늘어 어디로 가야 할지 모르겠다는 사람도 많습니다.

 정보에 휘둘리지 않으려면 '본래의 자신'으로 되돌아가는 것이 매우 중요합니다. 어떻게 해야 본래의 자신으로 돌아갈 수 있을까요? 간단합니다. 깨끗한 공간에 머물면 됩니다. 깨끗한 공간에서 살아가면 우선 마음이 안정됩니다. 정돈된 공간에서 살면 마음도 안정되어 맑아집니다. 그러면 아름다운 것을 보고 '아름답다'라고 있는 그대로 느끼게 됩니다.

 어수선한 방은 항상 공간에 잡음이 흐르는 상태와 같아 좀처럼 안정되지 않습니다. 마음이 잡음에 지배당해 늘 탁한 선글라스를 낀 듯한 상태입니다. 잡음이란, 바꿔 말하면 잡념입니다. 집착이나 망상, 주저함입니다. 잡념에 머리가 지배당하면 길가에 예쁜 꽃이 피어 있어도 아무 느낌이 없습니다. 사랑스러운 꽃을 그냥 지나칩니다.

사는 방의 상태가 생활 자체, 행동 자체로 나타나는 법입니다. 탁한 선글라스를 벗고 있는 그대로의 자연, 있는 그대로의 자신을 볼 수 있으면 정보에 휘둘릴 일은 사라집니다. 그때 비로소 본래 해야 할 일이 떠오르게 되겠지요.

모든 사람의
마음 속에 있는 것

"부적은 어떻게 골라야 하나요? 어떤 게 가장 효험이 있을까요?" 신도들에게 종종 이런 질문을 받곤 합니다. 진지한 표정으로 묻는 그분들께 나는 항상 이렇게 대답합니다.

"효험이 있고 없고가 무슨 소용이겠습니다. 부적은 이 절에 모신 본존의 분신입니다. 당신이 본존을 맡아 지킨다는 생각으로 소중히 다뤄 주세요. 소중한 본존을 어떻게 지킬지를 생각하면 저절로 행동을 삼가게 되겠지요.

그것으로 당신도 지킬 수 있습니다."

부처로부터 일방적으로 이익을 얻는 게 아닙니다. 자신이 부처를 지킨다는 생각으로 사려 깊게 행동하는 것 자체가 이익이 됩니다.

우리는 모두 그만큼의 힘을 지니고 있습니다. 선에는 '본래의 자신'이라는 말이 있습니다. 본래의 자신이란 한 점 흐림도 없이 티 없이 맑고 순수한 자기 자신을 이릅니다. 우리가 날 때부터 지닌 부처와 같은 성질인 불성(佛性)입니다.

우리는 누구나 자신 안에 부처와 같은 아름다운 마음을 지니고 있습니다. 이 불성을 깨닫는 것이 '깨달음'입니다. 불성은 누구나 지니고 있기에 원래라면 모두가 깨달을 수 있습니다. 하지만 현실은 그리 녹록하지 않습니다.

우리는 날마다 살아가면서 다양한 역할을 해내야 합니다. 예를 들어, 기혼 여성이라면 회사에서는 회사원, 집에서는 엄마와 아내, 며느리와 딸 등 한 사람이 몇 가지

역할을 해내는 경우도 많습니다. 그런 정신없는 일상을 보내는 중에 깨끗한 불성의 주위로 욕심과 집착, 분노, 미혹이라는 군살이 붙어 버립니다. 그 군살을 제거하고 불성을 닦기 위해 청소를 합니다.

한 번 닦을 때마다 불성이 더 빛나도록 정성껏 걸레질 합니다. 선에서는 이것이 수행입니다. 하지만 그 전에 잊어서는 안 되는 게 있습니다. 먼저 당신 자신이, 자신 안에 있는 불성을 제대로 깨닫는 것입니다.

자신이 소중한 만큼
공간에 신경 쓸 것

우리는 무심코 '나는 혼자서도 멋지게 잘 살아가고 있다'라고 생각하기 쉽습니다. 그러나 주위를 한번 둘러보세요. 무엇 하나 당신이 직접 만든 게 있나요? 아무리 지위가 높아도 아무리 돈이 많아도 생명을 만들어 낼 수는 없습니다. 머리카락 한 올, 손톱 한 조각도 직접 만들지 못합니다.

그렇다면 그 생명은 누가 주었을까요? 바로 당신의 부모이며 선조입니다. 부모, 조부모, 증조부모 그리고 자신으로부터 10대조를 거스르면 선조의 수는 1,024명에 이릅니다. 거기에서 10대조를 더 거스르면 100만 명, 30대조를 더 거스르면 10억 명에 달합니다. 아득하게 느껴지는 숫자지만, 이 가운데 누군가 한 사람이라도 빠져 있다면 당신은 이 세상에 존재하지 않았을 것입니다.

오랜 시간에 걸쳐 선조가 인생을 꿋꿋이 살아남아 연을 이어온 결과, 우리가 여기 이렇게 존재하는 것입니다. 당신이 태어나서 지금에 이른 것을 기적이라 불러도 되겠지요.

우리의 몸은 우수합니다. 잠든 사이에도 심장은 규칙적으로 움직입니다. 아침이 되면 저절로 눈이 떠져 새로운 하루를 시작할 수 있습니다. 이 몸을 모두 선조로부터 받은 것으로 생각하면 저절로 감사한 마음이 솟지 않을까요? 또한 생명의 존귀함에까지 생각이 이르게 되지 않을까요?

대대로 이어져 온 존귀한 생명은 당신 혼자만의 것이

아닙니다. 선조로부터 '맡아 둔 것'입니다. 맡아 둔 것은 언젠간 원래의 장소로 되돌려 놓아야만 합니다. 그곳은 선조가 있는 곳, 불교에서는 '불국토(佛國土)'라고 합니다.

천수를 다하는 날까지 생명은 소중히 간직해야만 합니다. 소중한 자기 몸을 괴롭히거나 스스로 생명을 끊는 일은 절대 있어서는 안 됩니다. 우리 모두 정성을 다해 생명을 맡아 둬야 할 책임이 있습니다.

마찬가지로 우리는 소중한 자신을 좋은 환경에 둘 책임도 지고 있습니다. 당신은 소중한 자신을 더러운 곳에 그냥 두겠습니까?

집안에 '빈' 공간이
필요한 이유

 전통적인 일본 건축의 특징을 한마디로 표현하면 '공(空)'이라 할 수 있습니다. 있는 것이라곤 벽과 기둥 그리고 장지문으로 구분된 공간뿐입니다. 불필요한 장식물은 거의 없습니다.

 그 대신 장지문을 열어 두면 정원의 모습이 손에 잡힐 듯 느껴집니다. 집안에 아무것도 없는 만큼, 바깥의 아름다운 자연이 더 돋보여 집안에서도 사계를 느끼며 생활할 수 있습니다. 그런 일본 가옥의 빈 공간을 '공(空)의 공간'이라 부릅니다.

이에 비해 서양 건축은 애착의 결정체입니다. 벽과 기둥에는 집주인의 취향에 맞춘 장식품이 걸려 있고, 방안에는 부담스러운 테이블이나 의자 등 살림살이가 즐비합니다. 마치 미술관처럼 벽에 많은 그림을 전시하는 집도 있습니다. 어떻게 집주인의 애착을 표현할 것인지에 중점을 두고 있습니다.

여기에서 일본과 서양의 미의식 차이를 확연히 엿볼 수 있습니다. 서양인이 두꺼운 벽으로 자연과 선을 긋고 자신의 애착이나 주장에 미를 느끼는 데 반해, 일본인은 자연과 하나 되어 그 변화를 즐기고자 하는 미의식을 지녔습니다.

이 산뜻하고 편안한 아름다운 공의 공간에, 절기에 맞는 살림살이를 곁들여 사계의 변화를 즐겨 왔습니다. 지금은 무리지만, 예전에는 철마다 침구와 병풍 장식 같은 모든 살림살이를 바꿨습니다. 옷과 식기 등도 계절에 맞춰 바꿔 왔기에 옛날 집에는 계절 살림살이를 전부 수납하기 위한 장도 있었습니다.

심플한 공의 공간에서 맘껏 사계를 즐기는 것이 옛 선조들의 삶의 방식이었습니다. 좁은 공간에서 살아가는 현대에도 궁리만 하면 평소의 생활에 자연을 끌어들일 수 있습니다.

그러기 위해 먼저 산뜻한 공의 공간부터 만들어 볼까요.

있어야 할 곳에
있게 한다

당신이 사는 곳에는 있어야 할 것이 있어야 할 곳에 놓여 있나요?

소파 위에는 재킷이나 파자마가 널브러져 있습니다. 버려야 할 신문과 잡지가 거실 구석에 쌓여 있습니다. 여름인데 난방기를, 겨울인데 선풍기를 아직도 치우지 않았습니다. 만약 그렇다면, 있어야 할 곳에 있어야 할 것이 없는 상태입니다. 이런 상태에서는 결코 편안한 마음으로 있을 수 없습니다.

"있어야 할 것이 있어야 할 곳에 있게 한다"라는 말은 선에서는 진리를 나타내며, 또한 하나의 이상을 나타냅니다. 현관에는 현관에 있어야 할 것, 거실에는 거실에 있어야 할 것, 침실에는 침실에 있어야 할 것을 두어 모든 것이 깔끔히 정리된 공간! 이것이 가장 마음을 편안하게 하는 이상적인 공간입니다.

정원을 만들 때는 돌이나 나무 등 '소재 그 자체'가 지닌 멋을 어떻게 살릴지에 주목합니다. 나무 한 그루 한 그루, 돌 하나하나를 잘 살펴보고 형태나 색 등이 가장 돋보이도록 배치해 갑니다.

같은 돌이라도 방향을 바꾸면 전혀 다른 개성을 보입니다. 그중에서 개성이 가장 빛나는 자리에 돌을 배치하고 나무를 심으면 '있어야 할 것이 있어야 할 곳에 있게 되어' 정원 전체가 조화로워집니다.

집을 정돈하는 것도 정원 만들기와 같습니다. 전체의 조화가 중요합니다. 집안에서는 각각의 장소마다 목적도, 있어야 할 모습도 다릅니다. 그 '있어야 할 모습'을 자기 나름으로 생각해 보면 어떨까요? 현관의 있어야 할 모습, 거실의 있어야 할 모습, 침실의 있어야 할 모습과 같이 말입니다.

그 모습이 보이기 시작하면 어떻게 정돈할지도 눈에 들어옵니다. 조화로운 공간을 만들면 마음도 조화로워집니다.

2장

스스로 몸을
움직이는 것부터
시작하라

수행 청소법

왜 귀찮다고만
생각하는가

  수행하는 선사의 생활은 세면, 식사, 목욕, 보행에 이르기까지 세세한 작법이 정해져 있어 엄격한 규율에 따르고 있습니다. 상산(上山, 수행에 들어가는 일—옮긴이) 초기에는 잠을 잘 때도 긴장이 가시지 않습니다. 그런 수행 생활을 견디지 못해 도망치는 사람도 간혹 있습니다.

  여기서 수행 내용에 관해서 자세히 다루지는 않겠지만, 수행의 가장 핵심은 좌선입니다. 수행승의 하루는 이른 새벽 좌선을 시작으로 약석(藥石, 선사에서 야식으로 먹는 죽 또는 저녁밥—옮긴이) 후의 밤 좌선으로 마무리됩니다. 특별 수행 기간에는 화장실과 휴식, 경행(신호에 따라 일제히 조용히 걷는 것—옮긴이)을 제외하고 새벽 3시경부터 밤 9시경까지 좌선만 하기도 합니다.

좌선이 '정(靜)'의 수행이라면, 청소는 '동(動)'의 수행입니다. 작무 북소리를 신호로 수행승들이 모두 달려 나옵니다. 그리고 일제히 청소를 시작합니다. 청소 시간은 온 힘을 다해 몸을 움직이고 눈앞의 작업에 집중합니다. 잡담할 틈은 없습니다. 잠시라도 정신을 놓으면 고참이라 불리는 수행 선배의 불호령이 떨어집니다.

이러한 동의 시간과 좌선을 하는 정의 시간의 조화가 더없이 좋습니다. 동의 시간인 청소를 할 때는 모두 기합을 넣어 마음을 닦는다는 생각으로 철저히 마지막까지 해냅니다.

시간의 질은 그 시간을 어떻게 보내는지에 따라 정해집니다. 약 15분이라는 시간 동안 대충대충 한 청소와 열심히 마음을 담아 한 청소의 차이는 길게 말할 필요도 없겠지요.

청소를 시작할 때는 먼저 텔레비전이나 컴퓨터를 청소합니다. 그때까지 사용했던 도구나 서류 등도 일단 정리합니다. 그리고 지금부터 청소로 마음을 닦겠다는 결심을 합니다.

'귀찮은데', '싫은데' 하는 생각으로 청소해서는 결코 마음을 닦을 수 없습니다. 당연히 작업 효율도 오르지 않겠지요. 청소를 시작한 이상에는 활기차게 시작해 봅시다. 어느덧 마음에 상쾌한 바람이 불어올 것입니다.

무심히 몸을 움직이면
찾아오는 것

'지금 나는 마음을 닦고 있다', '마음의 먼지와 티끌을 털어 내고 있다'라고 생각하면 귀찮은 청소 시간이 달라집니다. 거기에서 좀 더 나아가 이렇게 전념해 보세요. 쓸기 청소를 할 때는 쓸기 청소하는 것에만, 닦기 청소를 할 때는 닦기 청소하는 것에만, 그저 그것에만 전념해 봅니다. 그 자체와 하나가 되어 봅니다.

일상의 걱정이나 불평, 불만은 잠시 곁에 내려 두고 무심하게 눈앞의 작업에 집중합니다. 그렇게 하면 저절로 마음이 고요해져 청소에만 전념할 수 있습니다.

수행승들은 처음에는 청소 방법을 전혀 모릅니다. 절에서 특별한 기술을 가르칠 리도 없습니다. 모두 몸으로 익혀 갑니다. 십수 미터나 되는 절의 복도를 꽉 짠 걸레로 닦으면 도중에 말라 닦을 수 없게 됩니다. 그래서 느슨하게 짠 걸레로 단번에 내달립니다. 체험을 통해 그런 궁리를 터득해 갑니다.

건성으로 청소하면 청소는 언제까지나 '고역'에 지나지 않습니다. 하지만 무념무상으로 몸을 움직이는 동안에 청소가 마음을 닦기 위한 '수행'으로 바뀌어 갑니다. 그러면 저절로 다양한 궁리가 생겨납니다.

고승 료칸은 다음과 같은 말을 남겼습니다.

"꽃은 무심히 나비를 부르고, 나비는 무심히 꽃을 찾는다."

꽃은 나비를 부르려고 핀 게 아닙니다. 나비도 꽃을 찾으려고 죽을힘을 다해 날아다니는 게 아닙니다. 자연의 섭리에 따라 꽃은 그저 그곳에 피고, 나비는 그저 팔랑팔랑 춤추다가 우연히 서로 만납니다.

일부러 애쓰지 않고 있는 그대로 매 순간순간 눈앞의 일에 전념합니다. 그것으로 완벽합니다. 고작 청소라도 한결같이 손을 움직이고 몸을 움직이는 동안에 이를 수 있는 경지가 반드시 있습니다.

그때그때 치우면
아낄 수 있는 것

　수행승은 필요한 최소한의 물건밖에 지니지 않습니다. 응량기(수행승들의 식기―옮긴이)와 갈아입을 옷, 세면도구 등 지정된 물건 이외의 개인 물건은 모두 수행에 들어가기 전 절에 맡깁니다.

　일상에서 사용하는 물건은 개인용 장롱에 넣어 두는데, 어디에 무엇을 둘지 예외 없이 위치가 정해져 있습니다. 일용품을 사용한 다음 정해진 위치에 정확히 돌려놓기까지가 일련의 동작입니다.

이를테면, 응량기는 다음과 같이 다룹니다. 옻칠한 크기가 다른 다섯 개의 응량기는 찬합처럼 포갠 상태로 비단 보자기에 싸여 있습니다. 식사할 때는 작법에 따라 응량기를 펼치고, 식사를 마치면 더운물과 솔로 더러움을 깨끗이 닦고, 원래대로 포개어 비단보로 싸서 처음과 같은 상태로 돌려놓습니다. 이것이 일련의 과정입니다.

하나를 보면 열을 알 수 있습니다. '사용한 다음 원래의 장소로 돌려놓는 것'을 철저히 하면 물건을 찾느라 고생할 일도 없습니다. 물론 어질러질 일도 없습니다.

말끔하게 정리했는데 어느샌가 방이 어질러져 있다면 뭔가를 사용한 다음 원래 있던 장소로 돌려놓지 않아서입니다. 외출에서 돌아와 벗은 코트나 재킷을 무심코 의자에 걸쳐 두거나, 장 본 것들을 부엌 구석에 그냥 놓아두거나 하지 않았나요?

나중에 잘 치우겠다지만, 그 '나중'이 오기도 전에 다음 작업으로 옮겨 갑니다. 그리고 다른 물건을 사용한 다음

돌려놓지 않은 채 또 다른 장소에 내버려 둡니다. 그렇게 되면 방이 점점 어질러집니다.

  일도 마찬가지입니다. 새로운 의뢰가 들어왔다고 한 가지 일을 제대로 마무리하지 않고 다음 일로 옮겨 가면 결국 수습이 힘들어집니다. 여러 일을 병행하는 경우는 모두 어느 정도 목표가 설 때까지 한 가지 일을 한 다음 다른 일로 옮겨 갑니다.

  모든 일은 하나하나 완결시킬 필요가 있습니다. 물건을 사용했다면 반드시 원래 있던 장소로 돌려놓습니다. 이 동작을 철저히 지키면 방이 어질러질 일은 없을 것입니다.

청소 도구는
왜 심플할수록 좋은가

 큰맘 먹고 청소하겠다는 결의를 다지며, 실제로 청소를 시작하기도 전에 세제나 청소 도구를 왕창 사들이는 사람이 있습니다. 슈퍼마켓이나 마트에 가면 찌든 때를 제거하는 강력한 세제나 편리한 청소 도구가 가득합니다. 그것을 사용하면 편안하게 청소할 수 있겠다는 생각이 드는 것도 당연합니다.

 하지만 청소 도구는 심플해야 합니다. 수행승이 청소에 사용하는 도구는 단 네 가지뿐입니다. 빗자루, 걸레,

먼지떨이, 양동이입니다. 먼저 빗자루로 쓰레기를 치웁니다. 그리고 걸레로 더러움을 닦습니다. 먼지를 텁니다. 더러움을 닦습니다. 기본은 쓸고 닦는 두 가지 동작뿐입니다. 창틀 틈새나 가구 틈새 등은 못 쓰는 칫솔이나 나무젓가락에 천을 싸서 사용하면 청소가 훨씬 수월해집니다.

물론 일반 가정에서 기름때가 많이 끼는 부엌이나 때가 잘 떨어지지 않는 욕실 및 화장실 청소에는 다른 세제가 필요합니다. 최근에는 구연산 등을 이용한 친환경 세제도 소개되고 있으니 꼭 사용해 보세요.

하지만 장소별로 몇 가지나 되는 전용 세제를 다 사거나, 한두 번 쓰고는 안 쓸 청소 도구를 살 필요는 없습니다. 새로운 세제와 도구는 속속 개발되고 텔레비전과 잡지에서는 쉴 새 없이 광고가 쏟아지니, 불현듯 그것이 갖고 싶어지는 것도 무리가 아닙니다.

하지만 편리한 청소 도구와 특별한 세제를 사용하면 청소를 잘할 수 있게 되리라는 생각은 환상에 지나지 않습니다. 우리의 욕심에는 끝이 없음을 기억해야만 합니다. 하나를 사면 또 다른 하나, 점점 새로운 것을 원하게 됩니다.

'지족(知足)'이라는 말이 있습니다. 분수를 지켜 만족할 줄 안다, 즉 지금 가진 물건으로 충분하다고 만족하는 마음입니다.

청소는 스스로 몸을 움직이고 시간을 들여 행하는 것이지 세제나 도구가 해 주는 게 아닙니다. 집중해서 하면 강력한 세제도 특별한 도구도 필요 없습니다.

손수 만든 도구로 하는 즐거운 청소

 앞서 대나무를 촛대로 활용한 사례를 소개했는데, 사실 절에서는 이것 외에도 대나무를 이용하여 어떤 물건을 만듭니다. 바로 경내를 청소하는 대나무 빗자루입니다.

 가을이 되면 넓은 경내의 낙엽을 치우는 것도 예삿일이 아닙니다. 이 낙엽을 쓸어 모으는 데 대나무 빗자루가 맹활약을 합니다. 크기는 자유자재로, 틈새나 좁은 곳을 청소하는 30센티미터 이하의 작은 빗자루도 만듭니다.

 필요한 길이로 가지 끝을 가지런히 잘라 묶는 간단한

방법이지만 '맞춤형'이라서 그 장소에 맞게 사용하기 쉬운 도구가 완성됩니다. 손수 만든 도구를 사용하면 청소가 즐거워집니다. 어떻게 만들지 이 궁리, 저 궁리하는 과정 역시 기분을 들뜨게 합니다.

흔히 주위에 찾는 게 없으면 쉽게 사버리곤 합니다. 분주하게 살다 보니 아무래도 그런 선택을 하기 쉽습니다. 하지만 약간만 손품을 들여 생활에 필요한 도구를 직접 만들어 보면 뜻하지 않은 기쁨이 생겨납니다.

요즘 시대에는 학생들이 학교에서 사용하는 걸레도 슈퍼마켓이나 문방구에서 기성품을 판다고 합니다. 요즘 사회 사정을 반영하면 어쩔 수 없을지도 모르지만, 예전에는 낡은 수건이나 못 입는 티셔츠로 걸레를 만들었습니다. 이것도 활용 정신을 살린 거라고 할 수 있겠지요.

이처럼 손품을 들여 만든 물건을 소중히 사용하며 살아왔던 예전의 검소한 생활 스타일을 지금 한 번 더 떠올려 보는 건 어떨까요? 내 손으로 직접 청소 도구를 만들어 봅시다. 그리고 매일 청소하면서 사용해 봅시다. 그런 사소한 일들이 우리가 잊었던 생활의 여유를 되찾아 줄지도 모릅니다.

집착의 때를 벗기는 법

"사람은 깨어 있을 때는 앉을 자리, 잘 때는 누울 자리만 있으면 된다"라는 말이 있습니다. 분수나 능력에 넘치는 것을 소망하여도 하는 수 없으니 지금의 생활에 만족하는 것이 중요하다는 의미입니다.

수행승은 문자 그대로 '앉을 자리와 누울 자리' 정도의 공간에서 수행 생활을 합니다. 승당(수행 겸 거주 공간—옮긴이)에는 벽을 따라 일렬로 다다미가 줄지어 있습니다. 그 다다미 한 장 분량이 수행승 한 명에게 주어진 공간입니다. 좌선도 식사도 수면도 '단(單)'이라 불리는 이 한 장의 다다미 위에서 행합니다. 수행승은 모두 똑같이 그곳에서 먹고 자고 좌선을 합니다.

벽에는 붙박이 장롱이 있는데 응량기는 붙박이 장롱 위쪽 고리에 걸어 둡니다. 상단에는 의류, 하단에는 이불이 들어 있습니다. 다다미와 다다미 사이에 칸막이는 없습니다. 잘 때는 각자 이불을 펴고, 키가 큰 사람은 장롱에 발끝을 넣고 모로 눕습니다. 길게는 20년 이상 이렇게 심플하기 그지없는 공간에서 계속 생활하는 수행승도 있습니다.

일반인의 시선으로 보면 사생활이라고는 전혀 없는 최소한의 공간에서 생활하는 게 불편하게 느껴지겠지요. 수행승들도 처음에는 당혹스러워합니다. 더구나 잠자는 동안도 '수행'의 연속이라 긴장으로 마음 놓을 틈도 없습니다. 그러나 얼마가 지나면 그 생활이 편안해집니다. 수행에 불필요한 것이 아예 없으니 잡념이 끼어들 틈이 없어 저절로 잡념이 사라집니다.

절에서의 매일은 세세한 부분에 걸쳐 세밀한 작법이 정해져 엄격한 규율에 따릅니다. 수행승들이 그런 생활에 익숙해지느라 악전고투하는 사이, 집착이나 욕심 같은 생활의 때가 저절로 벗겨집니다.

선에는 '본래무일물(本來無一物)'이라는 말이 있습니다. 아무것에도 집착하지 않는 청정한 마음 상태를 일컫는 말입니다. 이 말대로 인간은 원래 아무것도 가지고 있지 않습니다. 그러나 한편으론 '무일물중무진장(無一物中無盡藏)'이라는 말도 있습니다. 아무것도 가지고 있지 않지만, 그 속에 누구나 무한한 가능성이 숨겨져 있다는 의미입니다.

그 가능성을 끌어내려면 살아가는 데 필요한 물건을 철저히 재점검해야 합니다. 당신이 가진 물건은 지금 당신에게 '정말로 필요한 물건'뿐일까요?

자신을 다스리면
표정이 달라진다

　수행에 들어 반년이 지나면 수행승들의 표정에 의연함이 보입니다. 움직임에 헛됨이 사라지고 행동 하나하나가 세련되어집니다. 절에서는 외부로부터의 정보가 끊겨 텔레비전이나 잡지를 접할 일도 없습니다. 아침에 일어나 잠자리에 들기까지 종일 긴장의 끈을 놓지 않습니다. 그런 수행 생활 중에 배인 긴장감이 무의식중에 얼굴이나 태도로 나타나는 것입니다.

특히 '수좌(首座)'라고 불리는 수행승의 리더가 된 자의 변화는 두드러집니다. 수좌의 선발 주기는 반년입니다. 수좌로 선발된 자는 약 100일간 150명 이상의 리더로서 다른 수행승들의 본보기가 되어야만 합니다. 다른 수행 승보다 한 시간 일찍 일어나 혼자 화장실 청소를 하는 등, 다른 이가 꺼리는 일을 솔선수범합니다. 수행의 선두에 서 모두를 이끌어 갑니다.

물론 더러워서 청소하는 것이 아닙니다. 마음을 닦기 위해 자주적으로 청소합니다. 한 점의 얼룩도 용납하지 않을 만큼 반짝반짝 닦습니다. 수좌가 된 자는 모두 당연한 것을 당연하게 행하고 있을 뿐입니다. 그러한 자세가 수좌를 크게 성장시킵니다.

옆에서 봐도 확연히 차이가 느껴질 만큼 겉모습도 점점 바뀌어 갑니다. 표정에 늠름한 분위기가 더해져 일상의 행동에 박력이 나옵니다. 자신이 모두의 대표라는 책임감과 기백이 행동 하나하나에서 배어 나와 존재감과 위엄이 느껴집니다.

평소 생활에서 그만큼 긴장감을 유지하기란 어려울지도 모릅니다. 또한, 그렇게까지 자신에게 혹독할 필요도 없겠지요. 하지만 때론 자신이 모두의 본보기가 되었다는 마음가짐으로 생활하며 청소에 몰두해 보는 것은 어떨까요?

당신 인생의 리더는 다름 아닌 당신 자신입니다. 자신을 다스리고 평소보다 의식적으로 집을 깨끗하게 하는 데 집중합시다. 그러면 당신이 자아내는 분위기도 달라질 것입니다. 물론 당신이 사는 방의 분위기도 이전과는 전혀 달라지겠지요.

3장

비록
청소일지라도
계획을 세워라

리셋 청소법

집중적으로 방을
리셋하는 기간부터 정하라

　지금까지 이 책을 읽고 청소와 정리가 갖는 의미와 중요성을 알게 되었으리라 생각합니다. 그럼 지금부터 물건을 정리하여 산뜻한 공간으로 바꿔 가려면 실제로 무엇을 어떻게 해야 할까요?

　우선, 방을 '있어야 할 모습'으로 리셋하는 기간이 필요합니다. 일정 기간은 방을 리셋하는 기간으로 정해 두고 집중적으로 청소와 정리를 합니다.

　왜 이런 기간이 필요할까요? 방을 이상적인 모습으로

만들어 그 쾌적함을 체감하기 위함입니다. 심플하게 정리된 방의 산뜻함을 한번 실감하고 나면, 분명 그 최고의 상태를 유지하고 싶어집니다. 그렇게 되면 더없이 좋겠지요. 다음은 그 상태를 유지하면 됩니다. 철저히 정리한 다음이라 청소도 크게 부담되지 않습니다. 그 때문이라도 리셋 기간은 꼭 마련하도록 합니다.

맨 먼저 지금 가진 물건들을 모두 재점검하여 필요한 것과 그렇지 않은 것으로 나눕니다. 그리고 처분할 물건은 처분하고, 남길 물건은 적당한 곳에 수납합니다. 더러워진 곳은 먼지를 털고 깨끗이 닦습니다.

이 작업을 모든 장소에 걸쳐서 해야 하니 종일 청소에만 전념해도 며칠이 걸리겠지요. 주말에만 한다면 몇 주가 걸릴지도 모릅니다. 라이프스타일에 맞춰 자신에게 맞는 계획을 세워 보세요.

이때 청소는 반드시 자신이 직접 하고 도중에 그만두지 않는 것이 중요합니다. 최근에는 청소나 정리 대행 서비스도 다양해졌습니다. 때론 여러 사정으로 그런 서비스를 이용할 수도 있겠지만, 자신이 직접 전념하는 것만큼 의미 있는 일은 없습니다.

일본의 조계종 창시자인 도원선사는 "타시비아(他是非我)"라고 말했습니다. 이 말은 "남은 내가 아니기 때문에 남이 수행을 대신할 수 없다"라는 뜻입니다. 그래서 수행승들은 자기 몸을 움직여 부지런히 작무에 힘쓰고 좌선을 합니다.

현대인은 어떻게든 머리로 이해하려는 경향이 강합니다. 하지만 그래서는 진정한 이해라고 할 수 없습니다. 직접 몸을 움직이고 땀을 흘리며 정리한 방의 쾌적함을 몸소 느끼면 그 감각이 자신 안에 남습니다. 그때 비로소 청소의 효용이 마음에 와닿을 것입니다.

계획표를 만들어
순서대로 정리하기

 큰 행사를 치르거나 프로젝트를 진행할 때 우리는 반드시 계획표를 만들어 일정을 조정하거나 인원 배정 같은 작업 순서를 정합니다.

 내가 하는 정원 조성도 마찬가지입니다. 어느 단계에서 어떤 작업이 끝나는지, 언제까지 결론을 내려야만 하는지 반드시 치밀한 계획을 세웁니다. 정원 조성은 기획에서 완성까지 몇 년이나 되는 시간이 필요합니다. 철저한 계획 없이 임하면 많은 인력을 지휘하기도 힘들고, 정원을 완성할 수도 없습니다.

　집을 리셋할 때도 일단 계획표를 만들어 보세요. 청소야 늘 하는 일이니 머릿속에서 순서를 정하면 된다고 생각할지도 모릅니다. 하지만 당신이 원룸에 살든 방이 많은 집에 살든 하나하나 살펴보면 작업은 상당히 세분화해 있을 겁니다. 그런 순서를 머릿속으로만 생각해서는 좀처럼 정리할 수 없습니다.

　실제로 계획을 세워도 그대로 진행되지 않는 경우가 허다합니다. 그러다 보면 때론 성가셔서 도중에 좌절하기도 쉽습니다. 하지만 계획표가 있으면 일정을 변경하여 다시 새로운 계획을 세울 수 있습니다. 종이에 쓴 계획표를 직접 눈으로 훑어봄으로써 조정도 쉬워지고 쓸데없는 불안이나 스트레스를 느낄 일도 없습니다.

　또한, 청소가 끝난 곳에 체크를 하다 보면 성취감을 맛보며 작업을 진행할 수 있습니다. 아주 꼼꼼하게 계획표를 만들 필요는 없습니다. 먼저 어느 공간을 청소할지,

그다음엔 어디를 정리할지, 작업 내용과 일정을 쓰면 됩니다. 캘린더를 이용하는 방법도 좋겠지요.

필요 없는 물건을 처분한다 → 더러움을 제거한다 → 정리정돈한다

이 순서로 해 나가면 효율적으로 작업할 수 있습니다.

계획표는 '아름답게 정돈된 방'이라는 목표에 이르기 위한 여정표라고 생각하면 되겠지요. 여행을 시작하기 전, 살고 싶은 방을 그려 가며 목표에 이르기까지의 일정을 짜 보세요.

작업 속도를 높이는
'버리기 기준' 세우는 법

큰맘 먹고 방 정리를 시작했는데 좀처럼 작업이 진척되지 않을 때가 있습니다. 대부분 물건을 처분할지 말지 망설이다가 손이 멈춘 경우입니다. 책이나 앨범을 뒤적이거나, 옛날 편지를 다시 꺼내 읽다 보면 어느새 수십 분이 훌쩍 지나가기도 합니다.

하나하나 전부 처분할지 말지를 생각하다 보면 아무리 시간이 많아도 부족합니다. 일단 '기준'을 만들어야 합니다. 의류라면 다음과 같은 기준을 설정해 봅니다.

① 2년간 입지 않은 옷은 처분한다. 비싼 옷이거나 아끼고 아끼던 옷이라도 2년간 한 번도 입지 않은 옷은 다음 시즌에도 거의 입을 일이 없다. 재활용함에 넣기 전에 다른 용도로 쓸 수 있는지, 누군가에게 물려줄 수 있는지 검토한다.

② 2년간 입지 않았지만 특별한 추억이 있는 옷이라면 전용 상자에 넣어 수납한다. 소중한 사람과의 추억이나 선물, 기념일에 입었던 옷 등 애착이 가는 물건을 무리하게 처분할 필요는 없다. 단, 상자 한 개 분량만 남기도록 한다.

③ 지난 시즌에 입었던 옷은 그대로 둔다. 터진 곳이나 주름은 없는지 확인한 뒤, 있다면 수선한다.

옷장을 정리할 때는 이 기준에 따라 자동으로 판단해 갑니다. 그렇게 하면 옷 하나를 검토하는 데 3초만 들이면 됩니다. 눈 깜빡할 새 정리가 끝나겠지요. 또한, 한 번도 입지 않은 옷을 처분한다는 죄악감을 느끼지 않아도 됩니다. '아직 쓸 만하니까 그냥 두자' 또는 '비싼 거라서 아까워 못 버리겠다' 같은 집착으로 쓸모도 없는 물건을 소중하게 갈무리할 필요는 없습니다.

이런 식으로 기준이 생기면 물건을 처분할 때의 시간과 스트레스가 극적으로 줄어들 것입니다. 아무쪼록 자기 감각에 딱 들어맞는 자기만의 기준을 만들어 보세요. 자기 기준에 맞는 물건만, 느낌이 좋았던 물건만 남기면 당신에게 어울리는 심플한 공간이 완성되겠지요.

물건에 담긴
마음의 깊이를 가늠하라

　방을 리셋할 때 가장 난감한 것이 선물로 받은 물건의 정리입니다. 생일, 기념일, 결혼식, 졸업, 입학, 설이나 추석 등에 우리는 다양한 선물을 받습니다. 가게에서 받은 사은품이나 경품까지 포함하면 상당량의 선물이 집에 있을 것입니다.

　받을 때는 아주 감사하고 기쁘지만, 그다음이 문제입니다. 그 물건들이 자신의 취향이라면 상관없습니다. 하지만 자기 취향이 아니거나 필요 없는 물건이라도 '선물

준 사람한테 미안해서', '어떻게 얻은 물건인데' 같은 이유로 그냥 두기 시작하면 한도 끝도 없어집니다.

　여기서도 처분하는 기준을 정해 볼까요? 우선 '마음의 깊이'로 정해 봅시다. 물건에 담긴 '상대의 마음'을 결정하는 것입니다.

　이를테면, 상대가 당신을 위해 어렵사리 손에 넣은 물건이나 정성을 담아 손수 만들어 준 물건은 그대로 남깁니다. 먼저 세상을 떠난 가족이나 소중한 사람과의 추억거리, 그 사람으로부터 받은 물건이라면 항상 곁에 두고 싶을 테니 그 기분을 소중히 여깁니다.

　커다란 봉제 인형은 정리하기 어렵다는 말을 자주 듣습니다. 선물로도 많이 받고, 예뻐서 직접 사기도 하다 보니 어느샌가 개수가 점점 늘어가지요. 시간이 지나면 아무래도 낡고 더러워지지만, 애착이 가는 인형을 쓰레기로 버리기란 여간 힘든 일이 아닙니다.

　그러나 사은품이나 경품 등은 사용하지 않는다면 바로

바로 정리합니다.

하지만 어떠한 경우에도 지금부터 산뜻하게 정리된 공간에서 지내야겠다는 목적을 잊어서는 안 됩니다. 자신이 살고 싶은 공간을 주축으로 정리하는 기준을 정하면 어떤 물건을 정리하든 망설임 없이 답이 나올 것입니다.

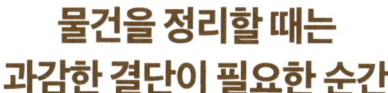

물건을 정리할 때는
과감한 결단이 필요한 순간

 선에서는 '지금'이라는 시간을 소중히 합니다. 우리는 내일이라는 날이 반드시 올 거라 믿지만, 사람의 목숨은 언제 다할지 알 수 없습니다. 극단적으로 말하자면, 아침에 웃으며 집을 나간 사람이 불의의 사고를 만나 목숨을 잃을지도 모릅니다. 또한 밤에 잠들었다가 다음 날 아침에 반드시 눈을 뜰 수 있을 거라고 아무도 장담하지 못합니다.

 인생에 어떤 일이 일어날지는 그 누구도 알 수 없습니

다. '나중'이나 '내일'은 없을지도 모릅니다. 지금 이 순간을 살아간다는 것이 선의 사고방식입니다. 올지도, 오지 않을지도 모를 내일을 기대하며 살아가는 게 아니라, 지금 이 순간을 성심껏 살아갑니다. 작은 일도 소홀히 하지 않고 그때그때 빈틈없이 처리합니다. 이것이 후회하지 않는 삶의 방식으로 이어집니다.

애착하는 물건이 많으면 많을수록 처분하기가 힘들어집니다. 남이 보면 잡동사니에 불과한 물건이라도 본인에게는 더없이 소중한 보물이 되기도 합니다. 오랜 세월 시간과 공을 들여 모은 컬렉션을 처분할지 말지 결정하려면 과감한 결단이 필요합니다.

고생해서 모은 물건이나 소중히 간직해 왔던 물건을 처분하자니 결심이 서지 않는 것도 당연합니다. 머리로는 이미 자신에게 필요하지 않은 물건이라고 이해하지만, 감정은 좀처럼 그 호소를 들어주지 않습니다. 애착이 집착으로 변해 결단을 어렵게 합니다.

망설임 끝에 '지금 억지로 정할 필요는 없어. 다음에 하면 돼!' 하고 미뤄도 봅니다. 물론 계속 가지고 있는 게 편하고 공간적으로 문제가 없다면 그대로 '있어야 할 곳'에 정리해 두면 됩니다. 하지만 처분해야 마땅한 물건임에도 언제까지나 결단을 미룬다면 문제입니다.

누구든지 언젠가는 반드시 이 세상을 떠날 날이 옵니다. 언제 찾아올지 모르는 그때를 후회 없이 맞으려면 '지금 이 순간'을 온 힘을 다해 성심껏 살아가는 길밖에 없습니다.

동료가 있으면
청소가 쉬워지는 이유

 수행 생활에 익숙해지기까지 수행승은 다양한 난관을 극복해야만 합니다. 그 가운데 하나가 공복감입니다. 수행승의 아침은 죽과 깨소금, 점심과 저녁은 보리밥과 된장국입니다. 세 끼 식사 모두 채소절임이 곁들여지고 특별한 행사가 있을 때나 저녁에 소량의 찜이 곁들여지는데, 한창 식욕이 왕성한 젊은이에게는 턱없이 모자랍니다. 처음에는 모두 공복감에 신경이 예민해집니다.
 더구나 엄격한 좌선과 정좌도 견뎌야 합니다. 오랜 시

간 다리를 꼬거나 정좌한 채로 있으면 점점 발이 저려와 마지막에는 격심한 고통과 싸워야만 합니다. 그 외에도 모든 생활에 걸쳐 엄격한 규율이 있어 처음에는 극도의 긴장감을 강요받습니다. 그런 생활도 반년이 지나면 익숙해져 오히려 마음이 편안해집니다.

내가 수행하던 시절, 3개월 후에도 절에서 도망치지 않고 남아 있던 사람은 열에 여덟 정도였습니다. 민망하지만, 나는 처음에 여러 차례 달아나려고 했습니다.

엄격한 수행을 견딜 수 있었던 것은 좌선과 작무의 힘입니다. 그리고 동료의 존재입니다. 괴로울 때나 힘들 때 서로 격려하고 절차탁마하는 동료가 있었기에 무사히 수행을 다할 수 있었습니다.

목표를 달성하는 데 동료의 존재는 큰 힘이 됩니다. 방을 리셋하는 도중에 그만두지 않기 위해 당신도 청소 동료를 만들면 어떨까요? 서로 청소 상황을 보고하고 정리되는 상황을 확인하는 것이죠.

물론 혼자서도 청소는 가능합니다. 하지만 방이 정리되어 가는 기쁨을 누군가와 서로 나눌 수 있다면 점점 의욕이 나겠지요. 그만두고 싶을 때도 '그 사람도 열심히 하고 있을 텐데' 하는 생각에 자신도 열심히 하려고 합니다.

함께 정리에 몰두하고 있다는 연대감이 리셋이 완성되기까지의 길을 즐겁게 해 주겠지요. 또한 정리 아이디어나 청소 방법 등을 서로 조언하면서 보다 효율적으로 작업해 갈 수도 있습니다.

만약 동료를 좀처럼 찾지 못하겠다는 사람이 있다면 소셜 네트워크 등을 이용하여 상황을 보고하면, 응원해 주는 사람이나 함께하고 싶어 하는 사람이 나타날 것입니다. 말끔하게 정리된 방에 서로 초대하는 것을 목표로 삼는다면 훨씬 더 의욕이 솟지 않을까요?

당신의 청소하는 모습이
가족을 변화시킨다

'열심히 정리 정돈하는데 함께 사는 가족이 전혀 협조해 주지 않는다', '협조는커녕 어지럽히기만 한다'라는 고민을 자주 듣습니다. 아무리 열심히 청소해도 가족이 자기랑 상관없다며 당신이 깨끗하게 청소한 방을 어지럽힌다면 당연히 화가 치밀겠지요. 상대를 책망하고 싶어지겠지요.

하지만 그때 상대를 비난하거나 억지로 청소를 시키려 들면 폭언에 폭언으로 맞서는 것밖에 되지 않습니다. 설령 어떻게든 청소를 하게 만들었더라도 상대에게는 억지로 했다는 생각이 남습니다. 그래서는 감정적으로 응어리가 남아, 무엇보다 마음을 닦기 위함이라는 청소 본래의 목적에서 벗어나게 됩니다.

만약 가족이 협조하기를 바란다면 해결책은 오직 한 가지입니다. 당신 자신이 묵묵히 청소하고 항상 깨끗한 방을 유지하는 길입니다. 절에 참배하러 와서 휴지 조각 하나 떨어져 있지 않은 경내나 법당에 쓰레기를 버리는 사람은 아무도 없을 것입니다. 사람은 본능적으로 깨끗하게 정리된 공간은 더럽혀서는 안 된다고 느끼기 때문입니다.

어지르고 또 어질러도 담담하게 청소하여 항상 말끔하게 정리된 방을 계속 유지하면 가족 사이에 '나도 방을 깨끗이 청소해야겠다'라는 의식이 생겨납니다.

왜 나만 청소해야 하는지 화가 나기도 하겠지요. 그러나 반복하지만, 청소의 본래 목적은 자신의 마음을 닦기 위함입니다. 당신이 청소하는 옆에서 가족이 방을 어지럽히더라도 나를 위해 청소한다고 생각하면 화가 가라앉겠지요.

당신이 묵묵히 청소하는 모습과 깨끗하게 청소가 된 방은 '말끔히 정리된 방에서 산뜻하게 생활합시다'라는 강력한 메시지가 됩니다. 조금 시간은 걸릴지도 모르지만, 그 메시지는 반드시 상대에게 전해집니다.

4장

아침마다
5분만 투자해
청소하라

아침 청소법

아침 청소로
하루를 산뜻하게 하라

 있어야 할 것이 있어야 할 곳에 있게 방이 리셋되었다면, 이번에는 어떻게 유지해야 할지 생각해 보세요. 분주한 일상에서 청소는 주말에만, 또는 이삼 일에 한 번씩 지저분한 느낌이 들 때만 하는 사람도 많을 겁니다. 하지만 원래 청소란 매일 그리고 아침에 일어나자마자 하는 것이 가장 좋습니다.

 안 그래도 바쁜 아침에 청소할 여유 따위 없다는 볼멘소리가 들려오는 듯합니다. 그렇다면 5분이라도 좋습니다. 그 5분이 당신의 하루를 좌우합니다.

촉박하게 일어나 서둘러 채비하고 허둥지둥 집을 나선 날, 일하는 족족 꼬여 뜻하지 않게 힘든 하루를 보낸 적은 없나요? 만반의 준비를 하고 여유롭게 집을 나선 날은 마음도 온화해져 매사가 순조롭게 풀립니다. 아침을 어떻게 보내느냐에 따라 그날 하루는 확연히 달라집니다.

반짝반짝 닦은 구두로 집을 나섰을 때와 흙투성이 지저분한 구두로 집을 나섰을 때의 기분은 천지 차이입니다. 마찬가지로 아침 청소를 하느냐 하지 않느냐 역시 그날 기분에 많은 영향을 끼칩니다. 기분이 상쾌하면 적극적으로 행동하지만, 자신감이 없으면 왠지 모르게 소극적이 됩니다.

하루의 시작을 청소로 한다는 것은 그만큼 자신에게 여유가 있음을 뜻합니다. 스스로 여유를 만들어 낸다는 의미도 포함하여 아침에 청소하는 습관은 매우 좋은 효과가 있습니다.

우선 아침에 5분만 일찍 일어나 볼까요? 그리고 어질러진 물건을 정리하고 청소기나 걸레 같은 도구를 들고 할 수 있는 만큼만 청소해 봅시다. 그것만으로 기분이 좋아질 것입니다. 단, 일분일초가 아까운 아침이니 오래 미적거릴 필요는 없습니다. 집중하여 단번에 끝내는 것이 포인트입니다.

활기차게 움직이는 동안 몸과 마음에 스위치가 켜집니다. 그러면 오늘 하루도 열심히 하자는 기운이 저절로 솟아 기분이 산뜻해집니다.

그 5분을 만들 수 있느냐 없느냐는 자신의 마음가짐에 달려 있습니다. 집에 돌아왔을 때 말끔하게 정리된 방을 보면 아주 기분이 좋겠지요. 이 상쾌한 기분을 한 번이라도 맛보았다면 분명 아침 청소는 습관이 될 것입니다.

창문을 활짝 열고
상쾌한 바람을 들이면 바뀌는 것

아침 청소를 시작하기 전에 반드시 해야 할 일이 있습니다. 창문을 활짝 여는 일입니다.

선에는 '청풍(淸風)'이라는 말이 자주 나옵니다. 청풍은 마음을 씻는 깨끗한 바람을 뜻합니다. 아침 공기는 청풍 그 자체입니다. 크게 심호흡하고 바깥의 신선한 공기를 가슴 가득 들이쉽니다. 청풍은 잡념과 번뇌를 날려 줍니다.

날씨가 좋다면 햇볕을 받으며 맘껏 기지개를 켜 봅시다. 가벼운 스트레칭도 좋겠지요. 몸과 마음은 서로 밀접한 관계에 있습니다. 신선한 공기를 들이쉬고 몸을 움직이는 것으로 어제의 피로와 스트레스가 말끔히 씻겨 내려가 하루를 시작할 준비를 할 수 있습니다.

나도 매일 아침 5시에 일어나 법당과 부엌의 덧문을 활짝 열고 본존께 차를 공양합니다. 그리고 걸레질로 하루를 시작합니다. 겨울에는 아직 어둡고 한기로 살을 에는 듯하지만, 몸이 단단히 조여지는 상쾌함을 맛볼 수 있습니다. 여름에는 경내의 싱그러운 초록이 마음을 윤택하게 합니다. 이 시간은 사계의 변화를 몸소 느낄 수 있는 사치스러운 시간입니다. 아침 공기는 특히 자연의 변화를 섬세하게 느끼게 합니다.

매일 아침, 바깥 공기를 몸속 가득 들이쉬는 습관을 들이면 그날의 몸 상태나 마음 상태도 민감하게 느끼게 됩니다. 주지, 대학교수, 정원 디자이너라는 '세 마리 토끼'를 좇는 다망한 일상에서 매일 아침 이렇게 철마다 변하는 자연을 느끼는 것이 심신의 건강을 유지하는 큰 비결이라 생각합니다.

 방안에 고인 공기가 바뀌면 당신의 몸도 분명 눈을 뜨게 되겠지요. 그때부터가 청소의 시작입니다. 상쾌한 기분으로 청소하면 아무리 분주한 일상이라도 마음에 여유가 생깁니다. 그러면 그날 하루, 무리하지 않고 초조하지 않게 해야 할 일을 자연스럽게 처리해 갈 수 있습니다.

왜 자신만의
청소 스타일이 중요한가

　청소를 계속하는 요령 가운데 하나는 자신에게 맞는 스타일을 찾는 것입니다. 사람에 따라 키도 몸무게도 얼굴도 다르듯이, 저마다 자기 나름의 취향이나 패턴, 작업 속도가 있습니다.

　원룸에서 혼자 사는 사람과 단독 주택에서 대가족이 함께 사는 사람은 청소의 범위나 작업량이 달라질 수밖에 없습니다. 띠리서 자신이 사는 집의 조건과 생활 양식에 맞는 청소 스타일을 찾아야 합니다.

기본적으로는 평일 아침에 짧게 청소를 끝내고, 주말 오전에 집 전체를 청소합니다. 그렇게 하면 쾌적한 공간을 유지할 수 있습니다. 주말 청소는 느긋하게 시간을 낼 수 있는 오후가 좋을 거라고 생각하겠지만, 역시 오전을 권합니다. 미리 청소해 두면 산뜻하게 휴일을 보낼 수 있으니까요.

자신의 스타일을 찾기 위해 먼저 청소 시간부터 설정합니다. 그다음은 실제로 청소해 보고 그 시간에 무엇을 할 수 있을지 파악합니다. 평일 아침 청소 시간은 5분이나 10분이면 됩니다. 아마 5분이란 시간은 집안 전체에 청소기를 돌리기엔 빡빡한 시간일지 모릅니다. 그렇다면 '주말에 대청소하더라도 거실만큼은 매일 청소기를 돌리자'라고 정하면 되겠지요. 또는 '거실은 하루걸러 한 번, 나머지 날은 다른 곳에 청소기를 돌리고, 주말에는 평소 하지 못했던 곳을 청소한다'라고 정해도 되겠지요.

시간을 설정하지 않고 장소로 나누는 방법도 있습니

다. 월요일은 거실, 화요일은 주방, 수요일은 현관, 목요일은 침실, 금요일은 화장실, 이런 식으로 매일 아침 한곳씩 청소합니다. 한 주 동안 집 전체를 한 번씩 청소할 수 있는 스케줄을 짜는 것입니다. 청소할 곳을 짝수와 홀수로 나누거나, 손이 많이 가는 곳은 이틀을 배분하는 등 다양한 패턴이 나오겠지요.

집 크기도, 방의 개수도, 작업 속도도 사람에 따라 천차만별입니다. 그래서 자신만의 방식이 필요합니다. 이것저것 무조건 열심히만 하다 보면 도중에 힘에 부쳐 그만두기 쉽습니다. 무리 없이 스타일을 만들어 가는 것이 지속의 열쇠입니다.

100일 동안 들이는
청소의 습관

하나의 습관이 정착되는 데는 대략 3개월, 약 100일이 걸린다고 합니다. 청소도 마찬가지입니다. 아침 청소와 주말 오전 청소를 일단 3개월 정도 계속합니다.

청소를 해 나가는 도중에 포기하게 되는 패턴은 크게 두 가지가 있습니다. 바쁜 생활 탓에 뒤로 미루게 되는 패턴과 너무 완벽을 목표로 하려다 지치는 패턴입니다. 처음에는 의욕에 넘쳐 열심히 했지만, 너무 바빠 어느덧 청소가 뒷전이 되어 버렸다면 이렇게 해 볼까요?

집을 나서기 전 1, 2분 만이라도 테이블 위를 정리합니다. 현관을 씁니다. 밖에 나와 있는 옷을 치웁니다. 신경 쓰이는 한 곳만 깨끗하게 치워 봅니다. 조금만 수고해도 방에 돌아왔을 때의 인상이 상당히 달라집니다. 이것으로 어질러진 방에 돌아올 때마다 '오늘도 청소하지 못했어!'라는 스트레스가 줄어들고, 앞으로도 계속해서 청소해야겠다는 의욕을 이어 갈 수 있습니다.

너무 완벽하게 하려는 사람은 다음과 같은 패턴에 빠질 가능성이 있습니다. 일단 청소를 시작하면 여기저기 더러운 곳이 눈에 띄고, 이걸 다 치우려다 어느덧 시간을 훌쩍 넘기고, 결국 지쳐 버립니다. 또는 무심코 계속 청소 범위를 넓히다 모두 어중간하게 끝내고는 역시 청소는 힘들다며 꺼리게 됩니다.

처음에는 누구나 의욕에 넘쳐 목표를 높게 잡기 마련입니다. 하지만 지속하기 힘들다면 의미가 없습니다. 높은 목표가 아니라 지속 가능성에 의의를 둡니다. 그 대책으로 매일 아침 청소 시간에 타이머를 사용하는 방법도 좋겠지요.

아무튼 매일 아침 청소 습관을 들이는 것이 목적이므로 설정 시간은 몇 분이든 상관없습니다. 그 시간이 5분이라면 5분 동안은 철저히 청소에만 전념합니다. 그러다가 타이머가 울리면 과감히 그만둡니다.

습관은 사람을 변화시킵니다. 매일 아침 청소하기를 시작하면, 100일 뒤에는 청소하지 않으면 찝찝한 기분마저 들게 될 것입니다. 그날을 기대하면서, 무리하지 말고 꾸준하게 청소해 나가도록 합시다.

5장

있어야 할 것을
있어야 할 곳에
두라

습관 청소법

현관은 자기 얼굴과 같다고 생각하라

'현관(玄關)'이라는 말은 선사에서 유래되었습니다. 원래 선승이 머무는 방인 '방장(方丈)'의 입구를 일컫는 말로, 현묘(玄妙, 도리나 기예가 깊어서 매우 미묘함)로 들어서는 관(關)이라 하여 선의 수행에 들어가기 위한 관문을 의미했습니다. 그것을 귀족들이 자신들의 주거에 끌어들이면서 차츰 일반 가정으로도 확대되어 지금의 현관이 되었습니다.

원래 현관은 현묘한 수행의 공간으로 들어서기 위한

입구로, 옷깃을 바르게 여며야만 하는 곳입니다. 집안에서 가장 깨끗하게 정돈하고 청소해 두어야만 할 장소입니다.

당신의 집을 방문한 손님이 맨 먼저 보는 곳은 현관입니다. 만약 현관이 어질러져 있다면 '음, 이 집 주인의 수준은 이 정도구나!'라는 평가를 받게 되더라도 변명의 여지가 없겠지요.

나는 일 관계로 많은 분의 댁을 방문합니다. 현관이 말끔하게 정돈되어 밝은 인상을 주는 집은 집안도 깨끗하게 정돈되어 있습니다. 또한, 사는 사람 또한 표정이 밝고 가족과도 화목하여 나 역시 푸근해집니다.

한편, 현관에 들어섰을 때 어수선한 인상을 주는 집은 집안 역시 정돈되어 있지 않아 방문한 나 역시 마음이 편치 않습니다. 현관은 사람으로 치면 '얼굴'에 해당합니다. 손님을 초대할 때는 이곳에서 환영의 마음을 표현합니다. 평소보다 더 꼼꼼히 청소하고 손님을 위한 배려에 공을 들입니다.

일본에서는 손님을 맞이할 때 현관에 '액막이 소금'을 놓아둡니다. 여러분도 일본 음식점 등의 현관에서 액막이 소금을 본 적이 있을지 모릅니다. 액막이 소금은 소금을 담은 쟁반을 현관 양쪽에 두는 일본의 오래된 풍습으로, 액막이와 흥한다는 의미가 담겨 있습니다.

그 외에도 아주 중요한 의미가 또 하나 있는데, 바로 '이곳은 청결한 장소입니다'라는 의미입니다. 액막이 소금이 있는 공간에 들어서면 상쾌한 기분이 드는 것도 그곳의 공기가 그만큼 정화되어 있다는 증거겠지요.

현관 연출로써 권하고 싶은 또 한 가지는 물 뿌리기입니다. 옛날에는 한여름이 되면 현관에 들통과 바가지를 두고 물을 뿌리는 풍습이 있었습니다. 물 뿌리기는 신선함을 부르기 위해 예전부터 전해져 온 선인들의 지혜입니다. 또한, 뿌려진 물이 증발할 때 기화열에 의해 기온을 낮추는 효과도 있음이 과학적으로 증명되었습니다.

그뿐 아니라 액막이 소금과 마찬가지로 공간을 청결히 하는 효과도 있습니다. 손님을 맞기 전 현관에 물을 뿌리는 행위에는 '당신을 맞이하기 위해 방금 이곳을 깨끗이 했습니다'라는 의미가 담겨 있습니다. 상대도 환영받고 있다는 생각에 기뻐하겠지요.

단, 자연스러운 손님 환대를 위해서는 물 뿌리는 타이밍이 중요합니다. 약속 시간 30분 전에는 물이 말라 버립니다. 약속 시간 5분 전에는 방금 뿌렸다고 티 내는 것 같아 품격이 떨어집니다. 가장 이상적인 타이밍은 약속 시간 10분 전입니다. 초대받은 손님 역시 약속 시간에 정확히 도착할 수 있도록 유의합시다.

손님뿐만 아니라 우리가 외출했다 집으로 돌아왔을 때 맨 먼저 눈에 들어오는 곳도 현관입니다. 현관은 사회의 얼굴에서 가정의 얼굴로 되돌아오는 중요한 장소입니다. 녹초가 되어 돌아왔는데 신발이 여기저기 흩어져 있고 우산도 아무렇게나 널브러져 있다면 점점 마음이 무거워지고 표정도 어두워지겠지요. 역시 현관은 늘 청정한 공기가 흐르고 산뜻하게 정돈된 공간이어야만 합니다.

누구나 거울에 비친 자기 얼굴에 더러운 게 묻어 있다면 바로 닦아 냅니다. 또한, 사람을 만나기 전 옷매무새를 가다듬고 머리를 매만지겠지요. 우리가 매일 목욕하여 몸을 청결히 하듯 현관도 매일 청결하게 유지해야만 합니다.

1장에서도 말했듯이 현관은 부정함을 털어 내는 장소입니다. 바깥의 티끌이나 먼지를 묻히고 들어오므로 가능한 한 매일 아침 쓸어서 깨끗하게 해야 합니다. 일주일에 한 번은 물로 청소하여 평소 쓸어서 제거되지 않는 더러움을 털어 냅니다.

계절 화초나 좋아하는 장식품을 무심한 듯 놓아두면 집에 돌아왔을 때 한결 마음이 푸근해지겠지요. 마찬가지로 그 집을 방문한 사람의 마음도 아름답게 치유될 것입니다.

"자신의 발밑부터
잘 살펴보라"

 사찰의 현관 입구나 계단에 들어서면 '각하조고(脚下照顧)'나 '간각하(看脚下)'라고 쓰여 있는 글귀를 볼 수 있습니다. 두 글귀 모두 '자신의 발밑부터 잘 살펴보라', '신발을 가지런히 벗어 놓아라'라는 의미입니다.

 이 말에는 또 한 가지 중요한 메시지가 있는데요. 발밑을 잘 살피라는 말은 지금 자기가 할 수 있는 일을 열심히 하라는 뜻입니다. 벗은 신발을 정돈해 두지 않는 사람은 마음도 정돈되어 있지 않습니다. 마음이 과거나 미래로 날아가 '지금 여기'에 없기 때문입니다.

고작 신발 벗는 방법 정도로 생각하겠지만, 이것은 하나의 상징입니다. 벗은 신발이 비뚤어져 있어도 아무렇지 않은 사람은 다른 물건이 비뚤어져 있어도 아무렇지 않은, 즉 그만큼 감성이 둔하거나 마음이 흐트러진 상태입니다.

벗은 신발을 가지런히 하는 그런 사소한 것에서 그 사람의 '인품'이 고스란히 드러납니다.

당신 집 현관에 놓인 신발은 어떤 모습인가요? 만약 자신 있게 대답할 수 없다면, 현관에서 신발을 벗었을 때 바로 가지런히 하는 습관을 들여야 합니다.

다른 장소에서도 마찬가지로 신발을 벗었으면 가지런히 합니다. 습관이 들면 의식하지 않아도 하게 됩니다. 자기 신발뿐 아니라 옆 신발이 비뚤어져 있더라도 함께 정돈합니다. 거기까지 할 수 있어야 진짜입니다. 이런 작은 습관이 현관뿐 아니라 당신의 생활 방식 전체를 아름답게 합니다.

인생을 바꾸고 싶다면, 먼저 발밑부터 잘 살펴보세요. 이것이 가장 빠른 방법일지도 모릅니다.

손님을 환대하기 위한
공간을 만들어 보자

전통적인 일본 가옥에는 '도코노마'라는 곳이 있습니다. 도코노마는 족자나 꽃, 장식품 등을 장식하기 위해 다다미방 벽면에 단을 쌓아 만든 공간입니다. 계절이나 행사에 맞춰 어떤 족자를 걸지, 어떤 꽃을 꽂을지, 어떤 장식품을 놓을지 집주인의 취향이나 교양이 그대로 드러나는 무대 그 자체였습니다.

특히 손님을 초대할 때는 계절이나 기후, 손님의 취향, 집주인과 손님과의 관계 등 다양한 요소를 배려하여 하나하나 정성껏 골랐습니다. 모든 것이 손님을 맞이하는 메시지가 되기 때문이지요.

초대받은 손님도 응접실을 지나게 되면 먼저 도코노마를 바라보는 것이 예의였습니다. 그곳에 담긴 집주인의 메시지를 읽는 것이 하나의 커뮤니케이션 스킬이었습니다. 초대하는 이에게도 초대받는 이에게도 감성과 교양이 요구되었습니다.

이처럼 섬세한 교류를 중시하는 자세를 다도에서는 '일기일회(一期一會)'라는 말로 표현합니다. '일기(一期)'는 평생을 뜻하고, '일회(一會)'는 두 번 없는 한 번뿐인 만남이나 모임을 뜻합니다. 모두 불교에서 유래한 말입니다. 같은 날은 한 번밖에 없습니다. 일기일회란 평생에 단 한 번밖에 없는 소중한 기회이니 마음을 다해 함께 시간을 보내야 한다는 정신을 상징합니다.

지금은 도코노마가 있는 집이 점점 줄어들고 있습니다. 도코노마가 아니더라도 당신의 취향을 살려 손님을 환영하는 마음을 나타내는 공간을 만들어 보는 건 어떨까요? 굳이 새로운 장식장이나 컬렉션 보드를 살 필요는 없습니다. 가구 위나 선반 하나로도 충분합니다.

 깨끗이 닦고 청소하여 소중한 물건, 보면 마음이 푸근해지는 물건, 손님에게 보이고 싶은 물건을 놓아둡니다. 족자가 무리라면 작은 액자로 대신해도 됩니다. 공간이 좁다면 화병에 꽃 한 송이, 작은 나뭇가지 하나를 꽂아 두는 것만으로도 충분합니다. 유리 접시에 단풍잎이나 어린잎을 띄워도 운치가 있습니다. 손님을 맞기 전 아로마 향초나 향을 피워도 좋은 연출이 되겠지요.

 손님을 맞이하는 마음을 표현할 공간이 집 안에 있으면 공간 전체에 품격이 우러납니다.

거실은
가장 쉬기 편한 공간으로

집 안에서 가장 편히 쉴 수 있는 공간을 꼽으라면 거실을 들 수 있겠지요. 누구의 시선도 의식하지 않고 마음 편히 머물 수 있는 공간, 가족이 서로 얼굴을 맞대며 함께할 수 있는 공간, 그곳이 거실입니다. 나는 다다미방을 좋아하지만, 대부분 집에서는 거실이 가장 넓고 볕이 잘 드는 집의 중심에 있습니다.

당신의 거실에는 편안하게 몸을 뉠 수 있는 공간이 있

나요? 또는 느긋하게 앉아 차 한잔을 마실 수 있는 소파나 의자가 있나요? 아무리 깨끗한 거실이라도 몸과 마음을 편히 쉴 수 없다면 그 역할을 다하고 있다고 말할 수 없습니다.

너무 빈틈없이 정돈되어 딱딱한 거실보다는 읽다가 만 신문이나 잡지가 테이블 위에 펼쳐져 있어도 편안한 느낌이 드는 거실에서 마음이 안정됩니다. 그렇다고 발 디딜 틈도 없을 정도라면 곤란하니 마음이 푸근해져 안심하고 무장 해제되는 따뜻한 분위기의 거실을 목표로 합니다.

온갖 잡동사니에 둘러싸여 있으면 좀처럼 마음이 안정되지 않습니다. 더구나 청소하기도 힘듭니다. 사람이 많이 들고나는 거실은 금방 물건이 늘어나기 쉬우니 바지런히 필요 없는 물건을 정리하도록 합니다.

청소는 '위에서 아래로'가 기본입니다. 먼지떨이로 가구나 문틈의 먼지를 털어 내고, 가구 위나 창틀은 걸레로 닦습니다. 카펫이나 나무 바닥은 평소에 청소기를 꼼꼼히 돌리고 가끔 물기를 꽉 짠 걸레로도 닦으면 됩니다. 물걸레질이 어려운 바닥재는 마른걸레질이라도 해 줍니다. 왁스 칠이 필요한 바닥이라면, 바닥 소재에 맞춰 광택이 사라질 정도가 되었을 때 칠하면 됩니다.

물걸레질은 더러움이 묻었을 때만 하고 기본적으로는 마른걸레질을 합니다. 부직포가 달린 밀대형 걸레도 있지만, 가능하면 자기 손으로 직접 하는 걸레질이 최고입니다. 그래야만 마음을 담아 청소하고 있는지 아닌지를 실감할 수 있으니까요.

마음을 기댈 수 있는
공간 만들기

집을 신축하려는 사람에게 항상 도코노마와 불단은 꼭 만들라고 조언합니다. 일본의 전통 가옥에 도코노마가 있었던 것처럼, 예전에는 어느 집이든 불단이 있었습니다. 도코노마가 손님을 맞기 위한 공간이라면 불단은 마음을 기대는 공간입니다.

예전에는 매일 아침 불단을 향해 합장하고 그날 하루도 무사하기를 선조에게 기원한 뒤에 집을 나섰습니다. 집에 돌아와서는 "오늘 하루도 무사히 보낼 수 있었습니다"라고 고하며 감사했습니다. 기쁜 일이 있을 때나 슬픈 일이 있을 때나 늘 불단 앞에 앉아 선조에게 고했던 것입니다.

바쁜 일상에서 혼자 손을 모으는 그 시간만큼은 자신을 격려하며 겸허한 마음으로 돌아갈 수 있었습니다. 예전에는 새로 가정을 꾸렸을 때도 반드시 불단을 찾아 선조를 기렸습니다. 지금 현대인에게 부족한 것은 마음을 드러내고 심플한 자신으로 돌아갈 수 있는 시간과 공간이 아닐까요?

의자와 소파가 생활의 중심이 된 주거 공간에 맞춰 최근에는 디자인이 뛰어난 불단이나 도코노마도 많이 나와 있습니다. 그렇더라도 갑자기 불단을 만들기는 어렵겠지요. 절대 무리하여 불단을 마련하라는 말이 아닙니다. 마음이 깨끗해질 수 있는 장소, 맑은 기분이 들 수 있는 그런 공간을 집 안에 만들어 가면 됩니다. 그곳이 바로 신성한 장소이며 마음을 기댈 곳입니다.

존경하는 사람의 책이나 좋아하는 글귀, 소중한 사람의 사진 등을 장식해도 좋습니다. 본래의 자신으로 돌아갈 수 있는 그런 공간을 만들어 보세요. 방이 좁다면 가구 위나 선반을 이용해도 좋습니다. 손님을 맞을 때는 이곳을 손님맞이 공간으로 활용하면 됩니다.

자신이 소중히 여기는 공간은 항상 깨끗이 해 두고 싶은 법입니다. 절에서도 법당 주변은 특히 공들여서 청소합니다.
당신도 이런 공간이 생기면 매일 가장 먼저 청소하고 싶어질 것입니다. 그러면 저절로 방 전체를 정리하고 싶은 마음이 생겨납니다. 물론 마음도 온화해져 안정되겠지요.

하루 한 번 두 손 모으기로
평온한 하루를 만들라

절에서는 아침이면 어김없이 맨 먼저 본존에게 차를 올립니다. 가정에서도 아직 아침마다 불단에 차를 올리는 관습이 남아 있는 곳이 있습니다.

옛날에 차는 아주 귀한 물건이었습니다. 과거의 일본에서는 매일 아침 정갈한 우물물로 향이 진한 차를 끓여 자신들보다 먼저 부처에게 공양하고 기도를 올렸습니다. 또한 부처 앞에는 꽃이나 붓순나무를, 신전에는 비쭈기나무가 끊이지 않게 마음을 쓰는 것은 물론이고, 먼지가 앉지 않게 꼼꼼히 청소했습니다.

이는 분명 수고스러운 일입니다. 하지만 눈에 보이지 않는 신불을 소중히 여기는 행위 자체가 옛 선인들의 마음을 지지하고 인생을 지지해 왔습니다.

아무리 성실히 살아도 괴로운 일이나 힘든 일은 있기 마련입니다. 그럴 때 신불이나 선조에게 두 손을 모으면 마음이 편안해지고 다시 의욕이 솟습니다. 그런 시간을 통해 우리는 얼마나 많은 구원을 받아왔던 걸까요?

어쩌면 절이나 묘, 불단 앞에서도 별생각 없이 두 손을 모으고 있을지도 모릅니다. 그러나 양 손바닥을 합치는 행위에도 분명한 의미가 있습니다. 오른손은 부처 또는 자신 이외의 타인을 나타내고, 왼손은 자기 자신입니다. 두 사람의 마음을 하나로 하는 행위가 합장입니다.

방안에 기도할 장소를 만들어 놓는다면 합장할 기회가 저절로 늘어나겠지요. 그러면 자신을 지켜 주는 선조나 신불의 존재를 가까이에서 느낄 수 있습니다. 싫든 좋든

두 손을 모아 조용히 눈을 감고 기도하는 습관을 들이면, 웬만한 것에는 흔들리지 않는 부동심이 생깁니다.

신불이나 선조를 기리는 공간, 두 손을 모으고 싶어지는 공간을 매일매일 정갈하게 유지합니다. 신불에게 매일 차를 올리기가 어렵다면 물이라도 좋습니다. 꽃이 끊이지 않게 마음 쓰는 것도 좋습니다. 맛있는 과자를 선물받았다면 먹기 전에 잠깐 올립니다. 먼저 세상을 떠난 가족이 좋아했던 음식도 괜찮습니다.

신불이나 선조를 소중히 여기는 그런 소박한 마음 씀씀이가 실은 자신의 마음을 안정시켜 줄 것입니다.

욕실과 화장실에도 부처가 계신다

선사에서는 입을 열어서는 안 되는 곳이 세 곳이 있습니다. 이곳을 '삼묵당(三默堂)'이라고 합니다. 하나는 좌선을 하는 곳으로 승려가 머물기도 하는 승당(僧堂), 그리고 동사(東司)라고 불리는 절의 화장실과 욕사(浴司)라고 불리는 절의 욕실입니다.

화장실이나 욕실에서 잠깐 이야기하는 게 무슨 문제가 될까 하는 사람도 많습니다. 그러나 선의 세계에서는 좌선하는 승당과 마찬가지로 화장실도 욕실도 중요한 수행의 장으로 생각합니다. 화장실과 욕실에서 깨달음을 얻은 부처가 계시기 때문이지요.

화장실에서 깨달음을 얻은 부처는 '오추사마명왕'입니다. 화장실은 '부정(不淨)'이라고도 불리듯이 부정한 장소라고 일컫지만, 오추사마명왕은 그곳에서 깨달음을 얻었습니다. 그리고 나서 부정을 청정으로 바꾸는 덕을 갖춘 '화장실 부처'로 받들어졌습니다.

욕실에서 깨달음을 얻은 부처는 '발타바라보살'입니다. 발타바라보살이 입욕 중에 큰 깨달음을 얻은 데에서 유래하여 선사의 욕실에는 반드시 부처가 모셔져 있습니다. 선사에서 수행 중인 수행승은 매번 목욕하기 전에 작법에 따라 이 발타바라보살을 참배합니다.

그만큼 중요한 장소임에도 집안에서 가장 소홀해지기 쉬운 데가 이 두 곳입니다. 아무리 공들여 치장한 집이라도 화장실과 욕실이 허술하면 그 집 전체의 품격이 떨어집니다. 더러워져 있다면 더더욱 그렇습니다.

집을 지을 때 '집의 얼굴'인 현관에는 모두 신경을 쓰지만, 화장실과 욕실은 적당히 생각하는 분도 적지 않습니다. 나는 앞으로 집을 지을 사람에게 "화장실과 욕실만큼은 욕심을 부려 넓고 호화롭게 설계해도 좋다"라고 조언합니다. 현관과 마찬가지로 화장실과 욕실에 어느 정도의 여유 공간이 있다면, 집 전체의 분위기도 풍요로워져 그곳에 사는 사람의 마음에도 여유가 생깁니다.

화장실도 욕실도 혼자가 되어 편히 쉴 수 있는 공간입니다. 누구에게나 심신의 피로를 풀고 편히 쉬는 시간은 매우 중요합니다. 화장실이나 욕실에서 편히 쉬는 동안에 막혔던 생각이 뚫리면서 새로운 아이디어가 확 떠올랐던 경험은 없나요? 느긋한 환경에서 마음을 열면 그때까지 사로잡혔던 틀이 벗겨져 매사를 다른 각도에서 볼 수 있습니다. 그러면 생각지도 않던 아이디어나 해결책이 떠오르기도 합니다. 오추사마명왕과 발타바라보살이 깨달음을 얻었던 것은 어쩌면 당연한 일일지도 모릅니다.

이 두 장소를 항상 청결히 유지해야 함은 말할 것도 없습니다. 더러워졌다면 그때마다 꼼꼼하게 청소해야 합니다. 화장실은 변기와 바닥은 물론 금속 부분도 깨끗하게 닦습니다. 장식 선반을 만들어 꽃을 두거나 방향제나 작은 장식품을 둬도 좋겠지요.

곰팡이와 물때가 끼기 쉬운 욕실은 바지런히 청소해야만 합니다. 특히 세면대는 금방 더러워지니 각별하게 신경 쓰도록 합니다. 필요 없는 물건은 버리고 거울은 깨끗하게 닦아 둡니다. 욕실에는 습기에 강한 관엽 식물을 두면 더 편안한 공간이 됩니다.

목욕한 뒤에는 사용한 목욕 용품을 제자리에 놓아둡니다. 수행승들도 욕실에서 나올 때는 사용한 통을 깔끔하게 정리합니다. 정연하게 통이 줄지어져 있는 모습에서 팽팽한 긴장감이 느껴져 마음을 다잡게 됩니다.

혹시 절이나 신사에 놓인 손 씻는 대야의 사용법을 알고 있나요? 양손과 입을 청결히 한 다음 물을 조금 남겨 두고 마지막에 물 뜨는 바가지의 손잡이가 자기 쪽으로 향하게 수직으로 세웁니다. 그렇게 하여 손으로 쥐었던 부분까지 물로 씻은 다음, 뒷사람을 위해 청결히 제자리에 둡니다. 타인을 위하는 세심한 배려입니다.

혼자 사는 사람도 목욕 용품을 제자리에 정리해 두면 다음에 본인이 사용하더라도 기분 좋게 사용할 수 있습니다. 이런 사소한 배려가 그 사람 본연의 마음을 나타내 줍니다. 설령 지금 사는 집의 화장실이나 욕실이 좁더라도 깨끗이 청소하여 청결을 유지하면 매일의 삶이 여유로워질 것입니다. 꼭 공들여서 청소해 보세요.

부엌은 생명의 양식을 만드는 중요한 공간

부엌은 생명의 양식을 만들어 내는 중요한 공간입니다. 선사에서는 부엌의 음식 담당을 '전좌(典座)'라고 부릅니다. 전좌의 역할을 맡게 된다는 것은 명예로운 일임과 동시에 중요한 임무를 담당하게 되었음을 의미합니다. 음식을 만드는 것은 존엄한 역할이며 또한 중요한 수행입니다.

수행승이 식사하는 목적은 오직 한 가지, 수행을 완성하기 위함입니다. 전좌가 수행승에게 음식을 건넬 때는 수행의 완성을 위해 정성껏 만든 음식을 전하고, 받는 이도 작법에 따라 건네받은 음식을 감사히 받아들입니다.

  물론 부엌은 항상 반짝반짝 정리 정돈되어 있습니다. 불 주위, 냄비, 물 주위 모두 깔끔하게 닦고 도구를 원래대로 정리하기까지가 전좌의 일입니다. 매일 깨끗하게 청소하여 더러움을 쌓아두는 일이 없기에 늘 청결하고 쾌적한 공간에서 조리할 수 있습니다.

  수행승이 먹는 음식은 정진요리입니다. 육류나 생선 같은 동물성 식품은 일절 섭취하지 않습니다. 다시마나 버섯 우린 물을 사용하고 재료의 맛을 살리기 위해 간을 연하게 합니다. 채소 껍질도 자투리도 허투루 하지 않아 쓰레기도 거의 나오지 않습니다. 또한, 식재료를 상하게 하여 헛되이 버리는 일도 없습니다. 일반 가정에서도 식재료를 남김없이 사용하는 데 유념하면 쓰레기가 상당히 줄어들겠지요. 무나 당근이라면 껍질을 무치거나 잎 부분을 잘게 썰어 된장국에 넣는 등 다양한 궁리를 해 봅니다.

또한, 주방 도구를 바로바로 정리할 수 있는 곳을 정해두면 조리대를 재빨리 닦을 수 있어 깨끗하게 청소하기 쉽습니다. 가스레인지의 기름때도 바로바로 닦으면 찌들 일이 없습니다. 요리하는 중에 정리와 청소를 함께하면 따로 시간을 들이지 않고도 항상 청결한 부엌을 유지할 수 있습니다. 사용하기 쉽게 잘 정리된 부엌에서라면 요리도 빨리 할 수 있어 즐거움도 배가 되겠지요.

하루 24시간이 오롯이 수행인 수행승에게는 식사 또한 수행입니다. 앞서 말했듯이 작법이 세세하게 정해져 있습니다. 소리 내어 응량기를 다루거나 음식을 우물거려서는 안 됩니다. 개인적인 잡담도 금지입니다. 그리고 식사 전에는 '오관게(五觀偈)'라고 하는 경전을 제창합니다. 다음과 같은 말입니다.

첫째, 이 음식이 어디에서 왔을까요.
둘째, 제 덕행으로는 받기가 부끄럽습니다.

셋째, 마음의 온갖 욕심과 어리석음을 버리고,

넷째, 음식을 좋은 약으로 삼아,

다섯째, 도를 이루고자 이 공양을 받습니다.

이것은 선의 수행을 위한 것이지만 평소 식사할 때의 마음가짐으로 많은 분이 꼭 알아두면 하는 말입니다. 일반 분들을 대상으로 쉽게 풀이하자면 대략 다음과 같은 의미입니다.

1. 이 식사를 하기까지 애쓴 많은 분께 감사의 마음을 갖습니다.
2. 자기의 행동을 반성하고 조용하게 식사합니다.
3. 마음을 바르게 유지하고, 욕심 부리지 않고, 싫다 좋다 하지 않고 맛을 음미합니다.
4. 건강한 몸과 마음을 유지하기 위해 양약(良藥)으로써 먹습니다.
5. 불도를 이루고자 합장하고 이 식사를 합니다.

이 5개조를 명심하고 식사를 해 보세요. 음식을 입에 넣었다면 젓가락을 놓고 천천히 재료의 맛을 음미해 봅니다. 늘 하던 식사가 전혀 다른 의미로 다가올 것입니다.

육류나 생선은 물론이고 쌀이나 채소 등 우리 입에 들어가는 모든 것에는 생명이 있습니다. 그 귀중한 생명을 받아 자신의 생명을 이어 가고 있으니 감사의 마음을 잊어서는 안 됩니다. 나온 음식은 남기지 말고, 식사 전후에는 "잘 먹겠습니다", "잘 먹었습니다"라고 마음을 담아 말합니다. 만약 다 먹지 못할 것 같으면 처음부터 양을 줄여 먹을 만큼만 먹습니다.

식사는 자신의 생명을 이어가는 중요한 행위입니다. 가족이나 자기가 먹을 음식을 만드는 부엌은 생명의 근원을 낳는 장소입니다. 그렇게 생각하면 지금이라도 당장 깨끗하게 청소해야겠지요?

식기는
가능한 한 단순하게

 서양 요리에서 사용하는 양식기는 하나하나가 고가입니다. 서양에서는 식기를 세트로 갖추고 평생 소중하게 사용합니다. 꾸준히 팔리는 시리즈도 많아 깨지거나 잃어버리면 같은 것을 사서 채웁니다.

 한편, 일본의 식기는 그에 비해 놀랄 만큼 다채롭습니다. 우선 산지나 가마에 따라 독특한 색 배합이나 멋이 있고, 거기에 더히여 계절별 풍광을 그린 식기도 많습니다. 계절마다 식기를 바꿔 넣기 위해 그릇장이 필요했다는 이야기는 앞서 소개했습니다. 여름에는 시원함이 느껴지는 식기를 사용하거나 계절의 화초가 그려진 식기를 사용하는 식으로 사계에 맞춘 식기 사용법을 즐겨 왔습니다.

요리도 마찬가지입니다. 겨울에는 뜨거운 요리로, 여름에는 한눈에도 시원함이 느껴지는 차가운 요리로 맛있게 식사하며 계절을 느끼게끔 궁리했습니다. 하지만 서양에서는 그만큼 계절과 연관된 메뉴를 찾아보기 어렵습니다.

'제철 재료'라는 표현을 자주 하는데, 제철은 원래 일주일에서 열흘밖에 되지 않습니다. 손님을 위한 요리를 할 때 대접하는 사람은 제철 재료를 얼마나 잘 활용할지 세심한 주의를 기울입니다. 메뉴의 80퍼센트는 제철을 맞은 것, 나머지 10퍼센트는 제철을 조금 지난 것, 그 나머지는 제철보다 앞선 것, 이 세 가지를 갖추는 것이 최고의 대접이었습니다.

그 배경에는 무상관이 자리하고 있습니다. 앞으로 맞이해야 할 계절 생각에 지나가는 계절을 아쉬워하며 함께 보내는 지금 이 순간을 소중히 했습니다. 그런 메시지를 전하고 손님이 즐거워할 수 있도록 메뉴에 공을 들였던 것이죠.

옛날처럼 계절마다 식기를 갖추지 않아도 얼마든지 사계를 즐기는 연출을 할 수 있습니다. 화양중(和洋中, 한 공간에서 다양한 종류의 음식을 즐길 수 있는 곳을 의미함—옮긴이)의 다채로운 요리를 먹는 일본인의 식생활을 고려하면 식기는 가능한 한 심플한 게 좋습니다.

거기에 제철 화초나 풍물을 곁들입니다. 정원의 꽃이나 작은 가지를 젓가락 받침으로 쓰거나, 단풍잎이나 어린잎을 장식해 봅니다. 조릿대나 엽란을 요리에 깔거나 얼음 그릇을 만들어 봅니다.

물건을 소유하지 않고도 제철에 어울리는 메뉴를 궁리

하고 그런 작은 연출만으로 계절의 변화를 즐길 수 있습니다. 마음의 여유는 그렇게 생겨납니다.

'더하기' 대신
'빼기'로 정돈하라

 당신의 잠자리는 편안한가요? 잠자리에 들어서도 좀처럼 잠을 이루지 못하고 밤새워 뒤척일 때가 있습니다. 몸은 녹초인데 눈은 말똥말똥 머릿속은 이런저런 생각으로 가득합니다. 그런 날이 많다면 침실 환경을 재점검해 보세요.

 이불이나 침대 주위에 전자제품이나 잡화, 책 등이 여기저기 놓여 있지는 않나요? 또는 장롱에 있어야 할 옷이나 사용하지 않는 침구를 방 한구석에 그대로 쌓아 두지는 않았나요? 그렇다면 재빨리 정리하여 최소한의 물건만 놓아둡니다.

사람의 뇌는 잠든 사이에도 중요한 작업을 합니다. 낮 동안의 체험이나 배운 것, 생각한 것들을 정리하여 뇌에 정착시키는 작업입니다. 또한 꿈은 정보를 정리하여 기억하기 위한 중요한 역할을 하고 있습니다.

잠을 잘 때는 그저 몸만 눕힌다고 잘 수 있는 게 아닙니다. 잡동사니가 넘쳐나 마음이 안정되지 않는 침실에서는 수면의 질이 떨어집니다. 심신의 피로를 덜고 내일을 위한 활력을 충전하려면 무엇보다 좋은 환경을 만들어야 합니다.

침실에 자기의 취향이나 취미와 관련 있는 물건을 두고 그 물건들에 둘러싸여 잠들고 싶어 하는 사람도 있습니다. 또한 거실이나 서재에 둘 수 없는 물건을 침실에 두기도 합니다. 그러나 침실에는 가능한 한 물건을 두지 않도록 합니다.

수행승에게는 반드시 필요한 최소한의 물건밖에 없습니다. 깔끔한 환경에서 자고 일어납니다. 그래서 잡다한 물건에 휘둘리지 않고 수행에 전념할 수 있습니다. 물건을 줄이면 줄일수록 기분도 산뜻해지고 행동에도 헛됨이 사라집니다. '더하기'가 아닌 '빼기'로 침실을 정돈합시다.

한 번쯤 침실에 있는 물건을 도저히 더는 줄일 수 없을 때까지 줄여 봅시다. 침구를 바지런히 햇볕에 말리고 시트나 베개 커버는 정기적으로 빨아 항상 청결을 유지합니다. 심플하고 쾌적한 침실이 좋은 잠을 만들고 좋은 내일을 만듭니다.

철마다 옷을 분류할 때
함께 정리하라

사계절이 뚜렷한 나라에서는 철 따라 옷을 바꿔 입어야 합니다. 철마다 옷을 바꾸고 정리하는 게 성가시기도 하겠지만, 이는 매우 편리한 습관입니다. 왜냐하면 정기적으로 옷을 점검할 수 있으니까요.

나 역시 두꺼운 견사 옷, 얇은 견사 옷, 성긴 여름옷, 생사로 짠 옷을 계절에 맞춰 반드시 일 년에 네 번은 정리합니다. 옷은 치우기 전에 그늘에서 말려 천에 흠집이나 올풀림이 없는지 확인하고, 잘 개어 벌레가 먹지 않게 방충

제를 끼웁니다.

　손이 가는 작업이지만, 이렇게 함으로써 옷 상태를 하나하나 재점검하여 오래된 물건을 처분하고, 손 봐야 할 물건은 손을 볼 수 있습니다. 또한 추가해야 할 물건도 파악할 수 있습니다. 얼핏 번거로워 보이는 계절별 옷 정리도 연 4회, 옷을 점검할 수 있는 좋은 기회입니다.

　옷을 정리할 때는 앞에서 이야기한 기준에 따라 정리해 봅니다. 동시에, 옷에 어울리는 코디나 메이크업을 머릿속에 그려 가며 정리하면 한결 즐거워지겠지요. 가을용으로 산 카디건이라도 코디하기에 따라 봄이나 초여름에도 입을 수 있습니다. 줄어든 청바지는 잘라서 여름용 반바지로 활용하면 됩니다.

　실제로 옷을 펼쳐 보면 평소에는 생각나지 않던 아이디어가 떠오릅니다. 또한, 까마득하게 잊고 있던 옷을 발견하여 새 옷을 사지 않고도 신선한 세련됨을 즐길 수 있습니다. 물건의 생명을 살리려면 어느 정도의 수고를 들여야 합니다. 있는 옷을 능숙하게 활용하기 위해서도 계절별 옷 정리는 매우 합리적인 습관입니다.

 철마다 한 차례씩 옷을 정리해 두면 넣고 빼는 데 그리 시간이 걸리지 않습니다. 계절별로 정리된 옷장은 보기에도 깔끔하니 기분이 좋습니다. 날마다 옷 고르는 시간이 즐거워질 것입니다.

매일 책상을 정리하면 생기는 일

　서재는 일이나 공부는 물론, 뭔가를 차분히 생각하거나 책을 읽는 이른바 자신과 마주하는 공간입니다. 서재에서 효율적으로 일을 하려면, 먼저 책상 위가 깨끗하게 정리되어 있어야만 합니다.

　책상의 상태는 그 사람의 마음을 나타냅니다. 책상이 어질러져 있는 사람은 마음이 어질러져 있는 사람, 반대로 책상이 정리된 사람은 잡념에 휘둘리지 않고 일에 집중할 수 있는 사람입니다. 책상이 깨끗한 사람은 방도 깨끗합니다. 평소의 생활도 반듯하고 헛됨이 없습니다. 서재를 정리하고 싶다면 무엇보다 먼저 책상을 정리 정돈합니다. 책상이 정리되면 다른 곳도 깨끗하게 정리하고 싶어집니다.

 책상 위뿐 아니라 서랍 정리도 중요합니다. 금방 어질러지는 곳인 만큼 물건이 흐트러지지 않게 칸막이를 만들면 좋습니다. 문구류는 눈 깜빡할 새 늘어나므로 정기적으로 재점검하여 일정량이 넘어가면 다른 사람에게 주든지 처분하든지 합니다.
 연달아 같은 파일과 서류를 사용하는 일이라 사용한 파일은 책상 위에 그대로 둔다는 사람도 꽤 있습니다. 하지만 그날 작업이 끝나면 일단 모두 정리합니다. 책상 위는 아무것도 두지 않은 상태가 가장 이상적입니다. 다음 날 아침 새로운 기분으로 일할 수 있기 때문입니다.
 책상이 한 번 리셋된 상태라 새로운 의욕이 솟아 신선한 기분으로 일에 임할 수 있습니다. 책상을 전날 상태

그대로 두면 '어제의 연속' 같은 기분이 들어 타성에 젖기 쉽습니다.

'일일신우일신(日日新又日新, 날마다 새롭고 또 새롭다—옮긴이)'이라는 선어가 있습니다. 매일매일 다른 하루, 새로운 하루를 새로운 기분으로 시작했으면 합니다.

아침에 아무것도 놓이지 않은 책상 위를 깨끗이 닦는 것으로 하루를 시작해 볼까요? 그날의 능률이 부쩍 오를 것입니다.

서류와 파일은
그때그때 정리한다

한 외국계 컨설팅 회사에 다니는 지인으로부터, 컴퓨터 데스크톱에 프로젝트별로 나눈 파일만 두고 다른 파일은 프로젝트가 끝날 때마다 순서대로 데스크톱에서 없앤다는 말을 들었습니다. 자료로써 필요한 최소한의 서류만 서버에 보관하고 남은 서류는 모두 처분한다고 합니다. 그런 식으로 데스크톱을 심플하게 정리해 두지 않으면 여러 프로젝트를 동시에 효율적으로 관리하고 처리하기가 어렵다는 것입니다.

사실 나 역시 같은 방법으로 컴퓨터 데이터를 관리하고 있습니다. 데스크톱에는 진행 중인 파일만 남기고 나머지는 프로젝트 종료 후에 최소한의 자료만을 서버에 남기고 처분합니다. 고심하여 작성한 서류는 그냥 남겨 두고 싶겠지만, 그런 집착으로 서류를 버리지 않으면 데이터는 한없이 늘어납니다.

데스크톱에 불필요한 파일이 있으면 진짜 필요한 서류에 바로 가지 못합니다. 그러면 시간이 걸려 스트레스를 받게 되겠지요. 일하면서 가장 아까운 시간이 '그게 어디에 있었더라?' 하고 서류나 데이터를 찾는 시간입니다. 평소에 잘 분류하여 정리해 두면 어디에 있는지 머릿속에 훤하게 들어옵니다. 그러면 바로 목적한 바에 이를 수 있어 일이 순조롭게 진행됩니다.

정원 디자인을 할 때는 한 장의 디자인을 마무리하기 위해 수십 권의 책이나 낳은 자료를 뒤질 수밖에 없습니다. 하지만 프로젝트가 끝나면 컴퓨터 데이터와 마찬가지로 작업실에 펼쳐 둔 책이나 자료를 모두 갈무리해서 제자리에 다시 정돈합니다.

이 작업을 함으로써 작업실뿐 아니라 머릿속도 정리되어 무리 없이 다음 프로젝트로 옮겨 갈 수 있습니다. 일의 특성상 확실한 매듭을 짓기 어려운 사람은 1개월이나 3개월 단위로 기한을 설정하여 컴퓨터 데이터와 자료 정리를 하면 됩니다.

정기적인 재점검에는 일의 전체적인 흐름을 내다볼 수 있는 이점도 있습니다. 효율적인 일처리를 위해서도 빠트릴 수 없는 작업입니다.

가방 속 물건들도
분류해서 정리하기

가방에 넣어 둔 열쇠나 지갑, 수첩 등을 찾지 못해 당황했던 경험은 누구라도 있지 않을까요? 가방 속 내용물이 뒤죽박죽되는 데는 두 가지 원인이 있습니다. 하나는 소지품이 너무 많아서, 또 하나는 물건의 '소재지'를 정해 두지 않아서입니다.

나는 국내외로 출장 나닐 기회가 많아 평소에도 이동이 많은 생활을 하고 있습니다. 그러나 어딜 가더라도 자루와 가방 하나면 그만입니다. 공항에서 수화물을 맡길 일도 없습니다. 세계 어딜 가나 승복 차림입니다. 그래서 해외에서 가방 하나로 돌아온 나를 본 사람들은 "그런 차림으로 해외에 갔다 왔느냐?"며 놀라기도 합니다.

가방 속 내용물은 모두 그 위치가 정해져 있습니다. 따라서 물건을 찾느라 허둥댈 일도 없습니다. 어떤 주머니에 손을 넣으면 무엇이 나올지 훤히 꿰뚫고 있습니다. 이런 스타일을 고수하게 된 이유는, 항상 가뿐하게 지내고 싶은 바람 때문입니다.

큰 짐을 들고 이동하면 당장 몸의 움직임이 둔해집니다. 가방 속도 정리하기 어려워집니다. 공항에서 수화물을 맡기면 찾느라 시간에 차질이 생기고 때론 수화물 분실 같은 분쟁이 생길 여지도 있습니다. 무슨 일이 생길지 모르니 다양한 물건을 갖춰 둬야 한다는 사람도 있습니다. 하지만 소지품을 줄이는 것은 궁리하기 나름입니다.

내가 평소에 활용하는 방법 하나를 소개하겠습니다.

나는 출장에서 갈아입을 옷 한 세트, 긴 여행에도 두 세트밖에 갖고 가지 않습니다. 그 대신 매일 세탁하여 청결한 옷을 몸에 걸칩니다.

세탁한 옷을 다음 날 아침까지 말리려면 약간의 기술이 필요합니다. 세탁한 옷을 두 장의 큰 수건에 샌드위치처럼 끼워 위에서 밟으며 수분을 흡수시킵니다. 그렇게 하여 걸어 두면 아주 두꺼운 옷이 아닌 이상 다음 날 아침에는 말라 있습니다.

굉장히 사소한 일이지만, 지혜를 짜면 심플하게 살아갈 수 있습니다. 어떻게 하면 더 가뿐해질까? 당신도 생각해 보지 않으렵니까?

우편물은
그날그날 처리하는 것이 철칙

그날 도착한 우편물은 그날 처리하는 것이 철칙입니다. 내게는 대학 관련, 절 관련, 정원 디자인 관련 등 날마다 도착하는 우편물이 아주 다양합니다. 개중에는 꼭 답장이 필요한 우편물이나 내용을 적어 넣어야 할 서류도 섞여 있습니다. 하루라도 밀리면 다음 날 처리량은 두 배로 늘어납니다.

바쁘다고 뒤로 미루면 당장은 편할지도 모르나, 결국 답장을 잊어버리거나 서류가 없어져 몇 배는 더 수고를

하게 됩니다. 역시 그날그날 처리하는 게 가장 효율적입니다.

"세월이 화살처럼 빨리 지나간다"라고들 합니다. 시간의 흐름은 날아가는 화살보다도 빠릅니다. 하루하루가 승부입니다. 편지와 서류를 분류하여 처리할 곳을 미리 정해 두면 대량의 우편물이 도착해도 착착 처리할 수 있어 헤매지 않아도 됩니다.

나는 A4 용지 크기 봉투에 서류를 건별로 나눠 보관하고 있습니다. 봉투라고 해도 받은 우편물의 재활용입니다. 못 쓰는 봉투를 남겨 놨다가 '학교 관련', 'OO프로젝트' 같은 제목을 써넣고 관련 자료를 모두 그곳에 모아 둡니다.

그러면 자료를 보고 싶을 때마다 꺼내어 볼 수 있어 매우 편리합니다. 새 파일을 살 필요가 없어 물건을 늘리지 않아도 됩니다. 끝낸 일은 봉투 별로 저문하면 되어 파기할 수고도 덜 수 있습니다.

자기에게 맞는 시스템을 정하여 그때그때 우편물을 처리하고 관리해 가도록 합니다.

언제든 자연을
가까이에서 느낄 장소를 만든다

 당신의 방에서 바라본 정원이나 베란다는 어떤 풍경인가요? 손질된 초록의 나무와 싱싱하게 핀 계절 꽃이 들어온다면 최고겠지요. 하지만 황량한 정원이나 쓸모없이 버려진 베란다가 눈에 들어온다면 주의가 필요합니다. 대책을 세워야만 합니다.

 "정원은 그 집 사람을 따라간다"라는 말이 있습니다. 매일 눈에 들어오는 정원은 그 집에 사는 사람을 나타내는 동시에 인격 형성에 큰 영향을 끼친다는 의미입니다. 집안은 어떤 의미에서 무기질 공간입니다. 그에 비해 자연의 일부인 정원은 유기질입니다. 사람의 마음을 온화하고 푸근하게 합니다.

1년 365일 마주하게 되는 집의 정원이나 베란다 풍경은 우리에게 매우 큰 영향을 끼칩니다. 집안에서 바깥을 바라봤을 때 가지가 제멋대로 뻗은 나무와 마른 꽃, 또는 정돈되지 않은 쓸모없는 물건들이 눈에 띈다면 그때마다 마음이 안정되지 않고 초조해지겠지요. 그것은 고작 한순간일지 모릅니다. 그러나 한순간 한순간이 쌓이고 쌓여 수 년, 수십 년이 되어 그 사람의 생활 전체를 만듭니다.

바깥을 바라볼 때마다 불쾌한 풍경이 들어온다면 어느샌가 마음도 살벌해지겠지요. 반대로 마음이 풍요로워지는 풍경을 항상 바라보며 살아간다면, 조금 좋지 않은 일이 있더라도 분명 씩씩하게 극복할 수 있는 강인함과 느긋함을 키워갈 수 있습니다. 바깥 풍경을 봤을 때 상쾌한 기분이 드느냐, 불쾌한 기분이 드느냐, 그것이 그 사람의 생활 전체를 좌우한다고 해도 과언이 아닙니다.

바깥 풍경은 계절의 변화를 직접적으로 느끼게 해 주는 장점이 있습니다. 물론 집안에 꽃이나 계절의 풍물을 장식하는 것만으로도 사계의 변화를 느낄 수 있습니다. 하지만 정원은 더욱 역동적인 계절의 변화를 선사합니다.

봄이 오면 어린잎이 돋아나고 꽃이 피기 시작합니다. 꽃이 피면 나비와 새가 날아들어 화려함을 더합니다. 그 새의 지저귐을 들으면 마음이 온화해집니다. 가을이 되면 낙엽이 춤을 추고 찬바람에 떠는 여린 가지가 겨울이 다가왔음을 짐작하게 합니다. 열매를 맺는 나무가 있다면 곱게 물든 열매를 쪼아 먹으러 새가 찾아올지도 모릅니다.

베란다에서도 화분이나 재배 용기에 화초를 키우며 계절마다 풍부한 변화를 느낄 수 있습니다. 바깥 풍경이 자아내는 사계의 변화를 느끼고 살아가면 생활에 윤택함이 묻어납니다. 서양식 정원을 좋아한다든지, 동양식 정원을 좋아한다든지, 텃밭을 꾸리고 싶다든지, 아름다운 꽃들에 둘러싸이고 싶다든지 사람마다 10인10색 제각각 취향이 다릅니다. 당신의 라이프스타일과 기호에 맞게 베란다는 채색해 보세요.

식물은 정성을 쏟은 만큼 쑥쑥 자랍니다. 그 성장 과정을 늘 피부로 느낄 수 있다는 것은 가까이에서 식물을 키울 때만 느낄 수 있는 묘미입니다. 정원이 아니라 베란다밖에 없어도 상관없습니다. 그곳에 좋아하는 꽃 화분 몇 개를 늘어놓기만 해도 분위기가 훨씬 밝아집니다. 매일 물을 주고 꽃의 성장을 지켜보면 애착이 솟아 돌보는 것이 즐거워집니다.

열매를 맺는 감귤류나 블루베리 등은 수확의 기쁨도 맛볼 수 있습니다. 요리를 좋아한다면 허브를 심어도 좋습니다. 허브는 튼튼해서 키우기도 쉽고 요리에도 바로 사용할 수 있어 일석이조입니다. 재배 용기에 딸기 모종을 심으면 금방 자라지만, 씨앗을 틔우는 것도 추천합니다. 씨앗에서 싹이 트고 잎이 한두 장씩 나오는 모습을 관찰하는 재미도 쏠쏠하니까요.

바빠서 식물을 가꿀 시간이 없다면 채소 키우기를 추천합니다. 채소 재배는 손이 많이 갈 것 같지만, 실제로는 그렇지 않습니다. 미니토마토나 가지, 오이, 피망처럼 이삼 개월이면 수확할 수 있는 채소도 많습니다. 재배 용기나 큰 화분에 심으면 초보자도 쉽게 키울 수 있습니다. 화분에 파슬리나 차조기를 심는다면 더욱 간단합니다.

지지대나 망을 치는 수고 정도는 해야 하지만, 여름에 수세미나 멜론, 담쟁이 같은 넝쿨식물을 심으면 그린 커튼이 되어 직사광선을 막아 줍니다. 좋아하는 식물이 있는 정원이나 베란다에 우드 데크를 깔아주면 그곳이 휴식 공간이 됩니다.

마음 편히 쉴 수 있는 곳, 언제든 가까이에서 자연을 느낄 수 있는 장소는 무엇과도 견줄 수 없는 귀한 공간이 되겠지요.

정원 청소는
관찰부터

정원 청소를 할 때는 정원의 모습을 잘 관찰하는 것이 가장 중요합니다. 나무나 화초의 상태는 어떤가요? 잡초가 멋대로 자라 있지는 않나요? 구석에 쓰레기가 수북이 쌓여 있지는 않나요? 베란다도 마찬가지입니다. 마른 화분을 방치하고 있지는 않나요? 분갈이 시기를 한참 지나지는 않았나요?

정원이나 베란다와 이야기를 나눈다는 생각으로 잘 보살펴 주세요. 식물 잎이 시들어 말라 있다면 물을 듬뿍

뿌려 줍니다. 다음 날에는 보란 듯이 마른 잎이 살아납니다. 마른 잎이 무거워 보인다면 잘라 줍니다. 그러면 새잎이 하나둘 싹트기 시작합니다. 베란다 정원의 분위기를 망치는 잡초나 쓰레기가 널브러져 있다면 깔끔하게 정리합니다.

어떤 상태에서 식물이 가장 아름다워지고 기뻐할까요? 모든 것은 관찰에서 시작합니다. 잘 관찰하면 그 식물에 대한 노하우가 생겨 정원의 '있어야 할 모습'이 보이게 됩니다. 식물은 정성을 쏟은 만큼 보답해 줍니다. 정원도 아름다워집니다. 자신이 쏟았던 에너지가 자연을 통해 되돌아옵니다. 이것은 큰 기쁨입니다.

초목을 잘 돌본다는 것은 자연과 자신이 하나 됨을 의미합니다. 그만큼 마음이 평정심을 찾았음을 뜻합니다. 걱정거리나 잡념으로 '마음이 여기 있지 않으면' 아무리 사이에서 정원을 바라보아도 그 모습을 충분히 관찰하지 못합니다. 꽃이 청초한 꽃망울을 터트려도, 형형색색의

단풍이 땅을 물들여도 아름답다고 느끼지 못합니다. 얼마나 슬픈 일인가요.

 사람은 흙과 마주하면 마음이 온화해집니다. 식물을 돌보며 정원이나 베란다를 손질하는 자체가 즐거움을 선사하여 치유로도 이어집니다. 화분 하나라도 좋습니다. 햇볕을 쬐고 자란 생명의 힘을 느껴 봅시다.
 생명을 키우는 흙의 따스함을 느껴봅시다. 그런 한때를 보내 봅시다. 정원이나 베란다에서 식물이 보여 주는 자연의 모습은 생활의 활력소가 될 것입니다.

6장

인생을
바꾸고 싶다면
환경부터 바꿔라

풍요로운 삶으로

지금 사는 공간을
소중히 해야 하는 이유

 어떤 물건이든 백 명 이상의 사람 손을 거쳐야 우리에게 옵니다. 그러니 함부로 해도 되는 것은 무엇 하나 없다고 말한 적이 있습니다. 그런 생각으로 지금 사는 집을 바라보세요. 전혀 다르게 보이지 않나요? 가구, 식기, 의류, 전자제품, 인테리어 등 그 모든 것에 많은 사람의 마음이 담겨 있습니다. 벽이나 바닥, 천장, 자재 등도 마찬가지입니다. 눈에 보이는 모든 물건은 수많은 사람의 마음이 모여 만들어진 결과입니다.

마찬가지로 당신이 사는 집에도 그 집을 만든 사람들의 마음이 담겨 있습니다. 많은 목수와 기술자가 협력하지 않으면 집을 지을 수 없습니다. 완성하기까지 무더운 태양과 차가운 바람을 견뎌 왔을지도 모릅니다. 비바람이 몰아치거나 때론 쉬고 싶은 날도 있었겠지요. 그런데도 열심히 작업한 그들 덕분에 당신이 사는 집이 있습니다.

다시 말해 헤아릴 수 없이 많은 사람의 마음이 담긴 공간에서 당신은 지금 이 순간을 살아가고 있습니다. '돈 받고 하는 일이니 당연히 열심히 해야 한다', '그게 일인데 당연하다'라고 생각하는 사람도 있겠지요. 하지만 그곳에 담긴 마음이 귀중한 것임은 변함없습니다.

우리는 수많은 사람의 마음이 담긴 물건과 공간 속에서 살아가고 있습니다. 평소 이런 사실을 깊이 생각하지 못하지만, 물건 하나하나가 어떻게 생겨나 우리 곁에 오게 되었는지를 떠올리면 감사함과 감동이 느껴집니다.

그렇다면 이 공간을 얼마나 소중히 여기고 또 어떻게

살아가야 할까요? 지금 사는 공간을 소중히 한다는 것은 각각의 물건이 있어야 할 모습을 재점검해 있어야 할 곳에 있게 하는 것입니다. 그것은 곧 깨끗하고 심플한 공간을 만드는 일입니다. 그런 공간에서 지내면 저절로 마음이 닦여 순수한 기분으로 살아갈 수 있습니다.

많은 사람의 마음이 담긴 존귀한 공간에서 살아간다는 감동을 잊지 말고, 고마움을 실감하며 살아가기를 바랍니다.

청소로
일상의 진리를 실감하는 법

사람의 얼굴은 천차만별입니다. 같은 얼굴은 하나도 없습니다. 하지만 누구나 눈은 가로로, 코는 세로로 붙어 있습니다. 눈 위에 입이 붙어 있는 사람은 없거니와 코가 옆으로 붙어 있는 사람도 없습니다. 이것을 '안횡비직(眼橫鼻直)'이라고 합니다. 당연한 것이 당연한 자리에 당연히 있습니다. 인간이 아무리 바꾸려고 해도 마음대로 바꿀 수 있는 것이 아닙니다.

이처럼 인간의 힘을 초월한 움직일 수 없는 사실을 '진리'라고 부르며, 그 진리를 온몸으로 깨우치는 것을 '깨달음'이라고 합니다. 그러나 자아나 집착에 사로잡히면 이 진리를 깨달을 수 없습니다. 나를 내세우거나 욕망하는 대로 폭주하여 오히려 자신을 괴롭히게 됩니다.

당나라의 선승 조주(趙州)는 새로운 수행승이 가르침을 청하러 오면 "죽은 먹었는가?"라고 물었다 합니다. "예. 먹었습니다"라고 대답하면, 다음은 "지발(식기)을 씻어 놓게나"라고 말했다 합니다. '고승에게 가르침을 받으러 왔는데'라고 생각할지 모르지만, 그 수행승은 깨달음을 얻었다고 합니다.

식사하는 것도 식후에 그릇을 씻는 것도 누구나 일상적으로 행하는 지극히 당연한 행위입니다. 조주는 진리란 별세계에 있는 어려운 이론이 아니라 평소 당연하게 느끼는 모든 것에 있다는 사실 그리고 매일 행하는 것이야말로 중요하다는 사실을 전하려 했던 것은 아닐까요?

선의 진정한 가르침은 말로 전할 수 없습니다. 이것을 '불립문자(不立文字)'라고 합니다. 이를테면, 활의 달인이 초보자에게 아무리 열심히 설명해도 가만히 앉아 듣기만 해서는 활을 쏘는 것이 어떤 건지 전혀 알지 못합니다. 하지만 실제로 해 보면 알 수 있습니다. 수십 번, 수백 번 활을 쏘며 그 행위를 온몸으로 터득해 가는 것과 마찬가지로, 선승 역시 말이 아닌 '몸 자체'로 깨닫기 위해 엄청난 수행을 쌓아 갑니다.

마음의 흐림을 제거하면 언젠가는 저절로 진실이 보입니다. 그래서 매일매일 청소를 합니다. 자신의 마음을 닦고, 찌든 때를 벗겨내듯이 말입니다.

청소와 깨달음의
상관관계

 중국 원대의 선승인 중봉명본(中峰明本) 선사는 젊은 제자들에게 어쨌거나 청소를 시켰다고 합니다. 하지만 배움의 의욕이 넘치는 제자들은 깨달음이란 무엇인가, 길을 탐구한다는 것은 어떤 의미인가, 그 답을 스승에게 매일매일 청했습니다. 그러나 중봉은 미동도 하지 않고 항상 빗자루와 먼지떨이를 들고 법당의 먼지를 닦으라는 말만 되풀이했다고 합니다. 이처럼 선의 세계에서는 수백 년 전부터 청소를 깨달음에 이르는 길의 하나로 중시

해 왔습니다.

왜 청소가 깨달음과 관계가 있을까요? 이와 관련한 흥미로운 일화가 있습니다. 중국 당나라의 향엄지한(香嚴智閑) 선사가 깨달음을 얻었을 때의 이야기입니다.

어느 날 향엄은 스승인 위산화상으로부터 '부모미생전 일구(父母未生前一句)'라는 '공안'을 부여받았습니다. 공안이란 스승이 제자에게 주는 과제입니다. 이 말은 간단하게는 '부모가 태어나기 이전에 대해 말해 보라'라는 것이지만, 여기에는 다른 의미가 있습니다.

'부모'란 양친이 아니라 선악, 흑백, 미추 등 매사를 둘로 나누는 사고방식으로, 의역하면 '선악(善惡)'과 '호악(好惡)'에 사로잡히지 않는 근원적인 마음을 말하라는 난제입니다.

선과 악, 좋음과 싫음 등 이원적인 견해를 가져서는 바른 판단을 할 수 없습니다. 그렇다면 그것에 사로잡히지 않는 근원적인 마음이란 무엇일까요? 향엄은 그 공안에

답하지 못했습니다. 그리고 그길로 스승의 곁을 떠나 갖고 있던 책을 모두 불살랐습니다. 진리를 구하려면 문자나 지식에 의지해서는 안 된다는 사실을 깨달았던 것입니다.

그 후 향엄은 존경하던 혜충국사의 묘지기로서 하루하루를 보냅니다. 빗자루로 청소를 하고 있을 때의 일입니다. 빗자루로 쓸던 참에 작은 돌이 날아와 대나무에 부딪혔는데, 그 미미한 소리를 듣고 향엄은 문득 깨달았습니다. 대나무와 돌, 이 둘이 없으면 소리가 나지 않는다는 사실을 말입니다. 즉, 한쪽만으로는 성립되지 않고 대나무와 돌처럼 둘이 서로 부딪쳐야 비로소 소리가 난다는 사실을 깨달은 것입니다. 이것이 '향엄성죽(香嚴聲竹)'이라 일컫는 유명한 일화입니다.

작은 돌이 대나무에 부딪힌 것은 아주 작은 계기에 지나지 않을지도 모릅니다. 그러나 향엄이 날마다 깨달음의 길을 구하고 매일 청소라는 작무에 몰두했기에 그 계기를 깨달음의 기회로 삼을 수 있었던 게 아닐까요?

청소는 일상에서 무념무상이 될 수 있는 시간입니다. 무심하게 청소하는 순간만큼은 그것과 완전히 하나가 됩니다. 물론 청소하더라도 마음이 지금 여기에 있지 않다면 의미는 전혀 달라집니다. 청소 시간이 그저 의무나 노동이 되어 버리겠지요. 하지만 평소의 걱정거리나 고민을 모두 잊고 눈앞의 더러움을 없애고 쓰레기를 치우는 데 집중하면 그 시간이 큰 깨달음으로 이어질 것입니다.

완전히 하나 됨의 중요함을 알려주는 알기 쉬운 말이 있습니다. 앞서 나온 조주 선사가 말한 '끽다거(喫茶去)'입니다. 끽다거는 '차라도 들고 가게'라는 의미입니다. 조주 선사는 처음 자신을 방문한 승려에게도 여러 차례 방문한 적이 있는 승려에게도 "끽다거" 하며 차를 권했다고 합니다.

그 모습을 지켜보던 원주(절의 사무총장)가 왜 처음 온 신참 승려에게도, 이미 여러 차례 찾아와 친해진 승려에게도 똑같이 차를 권하느냐고 물었습니다. 그러자 조주 선사는 원주에게도 "끽다거"라고 말했다 합니다. '처지나

직책은 상관없다, 차를 마신다는 단 한 가지 행위에 전념하는 것이 중요하다'라고 전하고 싶었던 것이겠지요.

  차를 마시는 것은 지극히 일상적인 행위입니다. 하지만 그윽한 향이나 입에 머금었을 때 퍼지는 단맛을 맛보며 진심으로 '아, 맛있다' 하며 차와 내가 하나가 됩니다. 말로 표현하기 힘들 만큼 기분 좋은 순간입니다. 차와 나 이외에는 아무것도 없습니다. '그것과 완전히 하나 된' 상태가 진리를 전합니다. 그 상태에 나를 두는 것이 선의 수행입니다. 수행 또는 깨달음이라고 해도 과장이 아닙니다.

  열심히 무심한 듯 청소할 때 누구나 시원하고 개운해짐을 느낍니다. 그 감각이 이미 깨달음의 길을 걷고 있다는 증거입니다.

심플해지면 본래의
자신으로 되돌아갈 수 있다

당신이 이 책을 손에 쥔 이유는 무엇인가요?

'깔끔하게 정리된 집에서 살고 싶다', '어지러운 방에서 벗어나고 싶다'와 같은 이유도 있겠지요. 또는 선이나 불교에 흥미가 있어서라는 분도 있을 것입니다. 하지만 여러 이유 뒤에는 또 한 가지 다른 이유가 숨어 있지 않을까요? '더 행복해지고 싶다', '새로운 나로 더 나은 인생을 창조하고 싶다'와 같은 이유입니다.

누구나 자신의 생활을 바꾸고 싶어 합니다. 그럴 때 이렇게 생각하기 쉽습니다. '○○하면 더 좋아질 거야', '새로운 ○○가 있으면 행복해질 수 있어'라는 식으로, 지금과는 다른 물건이나 사고방식, 라이프스타일을 손에 넣으면 지금보다 더 행복해질 거라고 생각하는 경향이 있습니다. 그러나 선에서는 새로운 뭔가를 얻는 것이 아니라, 필요 없는 것을 처분하고 버리는 것이야말로 행복으로 가는 길이라고 생각합니다.

집착이나 연민을 내려놓습니다. 욕심이나 허세로부터 자유로워집니다. 필요 없는 물건을 버리고 더러움과 먼지를 깨끗하게 없앱니다. 더는 자신에게 필요하지 않은 물건을 내려놓고 집뿐만 아니라 마음도 청소합니다. 그렇게 하면 두꺼운 구름에 덮여 보이지 않던 '불성'이 나타납니다. 그것은 일말의 흐림도 없는 '본래의 자신'입니다. 필요 없는 물건을 모두 버리고 심플한 상태가 되었을 때 잃어버린 자신을 되찾을 수 있습니다.

수행승을 뜻하는 운수의 어원은 '행운유수(行雲流水)'입니다. 하늘을 떠다니는 구름이나 물의 흐름처럼 아무것도 지니지 않고 아무것에도 사로잡히지 않고 오직 도를 구하여 여행하는 승려의 모습을 나타냅니다.

잃어버린 자신을 되찾아 본래의 당신이 빛나기 시작할 때, 행운유수의 경지를 맛볼 수 있을지도 모릅니다. 청소로 그런 경지에 이를 수 있다면 이보다 더 멋진 일이 있을까요.

좋은 운을 부르는
기운을 만드는 청소

어느 날 이런 질문을 받았습니다. "방 정리나 청소를 하면 운이 좋아질까요?"

청소란 마음을 닦기 위해 하는 것입니다. 언제나 산뜻한 자신으로 있기 위해 청소에 전념하는 것이지요. 그러니 운을 좋게 하려고 청소하는 것은 본말이 전도되었다고 할 수 있습니다.

청소를 하면 확실히 운은 저절로 좋아집니다. 먼저, 방 정리나 청소를 함으로써 자신이 머무는 환경이 정돈됩니다. 말끔히 정돈된 공간에서 생활하면 몸도 마음도 상쾌해집니다. 청소는 마음을 정돈하고 그곳에서 생활하는 자기 몸을 정돈하는 것으로 이어집니다.

몸과 마음이 정돈되면 사람은 그때까지 깨닫지 못했던 다양한 것들을 깨닫게 됩니다. 마음에 여유가 생겨나고 자신의 본성이 빛나게 됩니다. 그러면 행운의 여신이 눈앞에 나타났을 때 재빨리 운을 잡을 수 있겠지요.

아무리 열심히 마음을 닦고 여유를 갖자고 노력해도 그렇게 간단하게 될 리는 없습니다. 집착이나 욕심이 우리를 칭칭 옭아맵니다. 다른 사람의 눈치를 보느라 행동을 제한하거나 말을 얼버무립니다. 선입견에 휩싸여 눈앞에 있는 사람의 모든 것을 있는 그대로 보지 못합니다. 언제까지나 과거에 연연합니다. 이런 일은 누구에게나 일어납니다.

청소하고 환경을 바꾸어 심플한 상태가 되면 사람의

마음은 저절로 바뀝니다. 그때까지 덮여 있거나 깔려 있던 흐림이 제거되어 마음의 거울이 깨끗해집니다. 이것이야말로 운을 불러들이기 위한 기본이라고 할 수 있지 않을까요.

아침 청소로
보름 만에 자세를 바꾸는 법

평소의 분위기나 언동을 보면 그 사람이 어떤 물건에 둘러싸여 어떤 생활을 하고 있는지 보입니다. 오랜 수행을 쌓아온 승은 그 행동마저 아름답다고들 합니다. 일상적인 행동 하나하나에 헛됨이 없습니다. 엄격한 규율에 따라 생활하고, 주변 환경이 군더더기 없기 때문입니다. 그런 생활을 오랫동안 하면 정신이 맑아집니다. 평소의 행동이 세련되고 아름다워지는 것은 당연하지요.

선사의 규칙적인 생활은 번뇌를 털고 불성을 빛나게 하기 위한 하나의 시스템입니다. 마찬가지로 아침 5분 동안 규칙적으로 청소를 해 나가면 마음이 안정되어 번뇌에 미혹되는 일이 줄어듭니다.

우선 일주일간 계속해서 아침 청소를 합니다. 매일 일상의 변화가 느껴질 것입니다. 아주 작은 일에도 감사하고 평소라면 절대 받아들이지 못할 일도 흔쾌히 받아들이게 됩니다. 마음에 여유가 생기기 때문이죠. 보름만 하면 자신감이 붙습니다. 그 자신감은 겉으로 드러나 걷는 자세가 바뀝니다. 그러면 점점 더 자신감이 붙겠지요.

기분이 가라앉아 있을 때는 보통 구부정한 자세를 취하게 됩니다. 하지만 등을 꼿꼿이 세우고 가슴을 활짝 펴면 주위 눈치 볼 일 없이 당당하고 자기다워집니다. 마음과 자세는 하나입니다. 자세가 곧 마음을 나타냅니다. '위의즉불법(威儀卽佛法)'이라는 말이 있습니다. 마음을 가다듬고 조용히 앉아 있는 모습 자체가 불심의 표현이며 불교의 가르침을 실천하는 것으로 이어진다는 의미입니다.

    아침 청소로 평소의 자세가 늠름하게 가다듬어질 때 당신의 생활 전체도 좋은 방향으로 바뀌어 있을 것입니다.

청소 하나로
욕망에서 벗어나기

 사람의 욕망에는 끝이 없습니다. 원하는 물건을 손에 넣어도 만족하는 법이 없습니다. 바로 또 다른 물건이 갖고 싶어집니다. 더 좋은 것, 더 새로운 것으로 계속해서 욕심이 생깁니다. 꼭 손에 넣어야 한다는 집착이 생겨납니다.

 마치 욕망의 소용돌이, 집착의 소용돌이 같습니다. 끝이 없는 이 소용돌이 속에 들어서면 좀처럼 빠져나오시 못합니다. 지금 자신이 그 속에 있다는 사실조차 깨닫지 못하는 사람이 대부분입니다.

어떻게 하면 그곳에서 빠져나올 수 있을까요? 바로 자기 자신을 잃지 않아야 합니다. '본래의 자신'은 어떻게 느끼는지, 무엇을 하고 싶은지, 욕망의 뒤편에 무엇이 있는지 되돌아봅시다.

어떤 사람은 전혀 사용하지 않는 물건이나 사놓고 한 번도 입지 않은 옷가지 등을 버리지 않고 보관만 합니다. 왜 사놓고 사용하지 않을까요? 진짜로는 필요하지 않은데 겉치레나 체면 혹은 갖고 싶은 욕심에 사서 그냥 갖고 있다는 사실에 만족하기 때문입니다. 물론 살아가는 데 어느 정도의 욕심은 필요합니다. 그러나 그 정도를 변별하는 것이 중요합니다. '만족함을 아는' 것이죠.

석가는 세상을 뜨기 전 《유교경》이라는 경전에서 "욕심이 적은 사람은 근심이 적지만, 욕심이 많은 사람은 근심 또한 많다"라고 말하셨습니다.

족함을 아는 자는

비록 맨땅 위에 누워 있어도 오히려 편안하고 즐겁지만,

족함을 알지 못하는 자는

비록 천당에 있어도 그 마음을 충족시키지 못하느니라.

족함을 알지 못하는 자는

부유하다 할지라도 가난하고,

족함을 아는 자는

가난하다 할지라도 부유하느니라. 이것을 지족(知足)이라 하느니.

만족할 줄 아는 사람은 지금 여기에서 안락함을 맛볼 수 있지만, 욕심이 많은 사람은 설령 풍요로운 생활을 할지라도 만족하지 못한다…. 뭔가 와 닿는 것이 있나요? '지금 있는 물건으로 충분하다'라고 생각하면 매일의 삶이 정말로 즐거워집니다.

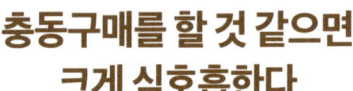

충동구매를 할 것 같으면
크게 심호흡한다

할인매장에 갔다가 무심코 사지 않아도 될 물건까지 왕창 사들이고 말았다는 이야기를 종종 듣곤 합니다. 누구에게나 있을 법한 일입니다. 진열된 상품이나 분위기에 혹해서 본래의 자신으로부터 멀어진 것입니다. 선에서는 "머리에 물건을 올려서는 안 된다"라고 말합니다. 머리로 생각하면 본래의 자신으로 이어지기가 어렵기 때문입니다.

말다툼으로 화가 머리끝까지 뻗치면 평소에 하지 않

던 과격한 말을 무심코 내뱉어 상대에게 상처를 주기도 합니다. 그것은 마음이 아니라 '머리'로 반응하기 때문입니다. 제가 존경하는 한 선사는 화가 불끈 솟으려고 하면 "고맙습니다. 고맙습니다. 고맙습니다"라고 세 번 제창한다고 합니다. 그러면 그동안 기분이 가라앉아 분노나 초조함이 사라진다는 것입니다. 바로 반응하지 않고 한 호흡을 둡니다. 그러면 평소의 냉정한 자신으로 되돌아갈 수 있습니다.

충동구매를 할 것 같으면 심호흡을 해 봅니다. 기다리자며 한 호흡을 둡니다. 그러면 사려는 물건이 정말 필요한 것인지 제대로 파악할 수 있습니다. '있으면 좋긴 한데'라는 생각에 괜히 물건을 사서 실패하는 일도 없어집니다.

이때는 철저히 배를 사용한 복식호흡을 하는 것이 중요합니다. 먼저 어깨에 힘을 빼고 숨을 고릅니다. 그리고 배꼽에서 약 7.5센티미터 아래에 있는 단전에 의식을 집중하여 크게 심호흡합니다. 숨을 들이쉴 때 배를 부풀리고 숨을 내쉴 때 배를 꺼지게 합니다. 동시에 등 근육도 쭉 뻗습니다. 자세를 가다듬으면 호흡도 정돈됩니다. 몇 차례 호흡을 반복하다 보면 마음이 점점 차분해지고 평정심이 돌아옵니다.

복식호흡은 충동구매를 억제할 뿐 아니라 긴장하기 쉬운 회의나 발표 등에서도 활용 가능합니다. 초조하거나 긴장할 때는 호흡이 얇어지고 어깨에 힘이 들어가 자세도 나빠집니다. 그러면 원래의 힘을 발휘하거나 자기다운 판단이 필요한 일을 하기가 힘들어집니다. 그럴 땐 천천히 복식호흡을 반복하여 평소의 자신으로 되돌립니다.

정원은
마음을 안정시킨다

　선사의 정원 '가레산스이(31쪽 참고)'를 본 적이 있나요? 흰 모래와 정원석으로 대자연을 표현하는 가레산스이를 보고 있노라면 마음이 한 점 흐림 없이 맑아지는 듯합니다. 그 자리에 눌러앉아 하염없이 바라만 보고 싶습니다.

　가레산스이는 원래 선의 수행을 위해 조성되었습니다. 깊은 산 속에서 수행했던 선승이 시중의 절에 살게 되면서 산에서의 수행이 어려워지자, 정원에 깊은 산의 자연을 그대로 재연한 것입니다. 선승들은 가레산스이의 깊고 그윽한 골짜기나 숲의 정경을 떠올리며 정원을 향해 좌선했습니다. 가레산스이와 마주하며 자신을 돌아보았습니다. 평소에는 두꺼운 덮개로 덮여 있는 자신을 에워싼 껍질이 점점 얇아집니다. '마음이 씻긴다'라는 표현이 딱 들어맞습니다.

가레산스이를 본 적이 없더라도 절에서 석가나 아미타여래, 관음보살 등과 마주했을 때 비슷한 기분이 든 사람은 많을 것입니다. 장엄한 표정의 부처와 마주하고 있으면 마음이 고요해져 저절로 두 손을 모으게 됩니다. 신성한 것, 아름다운 것과 마주했을 때 우리는 다시 태어난 듯한 기분이 듭니다. 저절로 마음의 갑옷이 벗겨져 본래의 자신이 나타나는 것입니다.

가레산스이에 깔린 흰 모래는 깊은 산속에 쌓인 청정한 눈을 떠올리게 합니다. 보는 사람의 마음을 맑게 하는 흰색입니다. 그곳이 맑은 장소임을 표현하는데 흰 모래 이상의 소재는 없겠지요.

달 또한 선에서는 맑음과 깨달음의 상징입니다. 달빛에 비친 세계는 깨달음의 경지를 표현합니다. 정적이 흐르는 고요한 밤, 가레산스이의 흰 모래에 달빛이 밝게 비치는 정경은 이루 말할 수 없이 좋은 엄숙한 세계입니다.

우리는 평소와 다른 신성한 공간에서 자신을 다시 바라보는 시간을 소중히 여겨 왔습니다. 그리고 마음을 담아 신성한 공간을 만들고 지켜왔습니다. 당신 주위에도 분명 그런 공간이 있습니다. 꼭 찾아가 보세요. 그곳에서 고요한 시간을 체험한 뒤 집으로 돌아가면 열렬히 청소하고 싶어질지도 모릅니다. 새로운 당신을 만나는, 새로운 방을 만들고 싶어질지도 모릅니다.

자연의 법칙에서 찾는
마음의 풍요

　사계의 변화가 뚜렷한 일본에서는 그 정취를 일상생활에서도 잘 살리고 있습니다. 우리는 작은 계절의 변화에도 아주 민감합니다. 흩날리는 벚꽃의 무상함을 사랑하고 일제히 울어대는 매미 소리나 풍경 소리에 여름을 느끼는 것은 사계가 뚜렷한 나라에서만 느낄 수 있는 감성이겠지요. 이것은 아주 큰 자랑거리입니다.

　그런데 최근에는 이러한 감성이 둔해진 듯합니다. 도시로 갈수록 그런 경향이 강한 듯하지만, 지방 역시 그런 경향을 무시할 수 없습니다. 바쁜 일상에서 계절의 변화에 눈뜰 여유조차 잃어버렸습니다.

예전에 비해 우리는 많이 바빠졌습니다. 아스팔트 도로나 콘크리트 건물도 늘었습니다. 자연과 동떨어진 생활이 계절의 변화를 느끼는 감성을 둔하게 해 버린 탓도 있겠지만, 정말 안타까운 일입니다.

선조들은 바람의 움직임이나 저녁 하늘의 모습을 보고 다음 날 날씨를 예측했습니다. 오감을 사용하여 자연과 함께 살았습니다. 서양처럼 자연을 정복하는 것이 아니라 자연과 공생하는 것이 우리의 생활 방식이었습니다.

세상이 아무리 변해도 자연의 법칙은 변하지 않습니다. 계절이 한 바퀴 돌면 따뜻한 봄바람이 불어 꽃을 피웁니다. 가을이 되면 서늘한 바람이 나뭇잎을 떨구며 곧 다가올 겨울을 예고합니다. 이것이야말로 인간의 능력을 넘어서는 대진리입니다.

구더더기 물건을 내려놓고 심플해집니다. 지금 떠안은

다양한 물건에서 자유로워지면 가까이에 있는 이 우주의 대진리를 깨달을 수 있습니다. 그때까지 보이지 않던 계절의 풍요로운 표정이 보이기 시작합니다.

'아무리 심플한 게 좋다지만, 물건을 더 처분하고 나면 방이 너무 휑하지 않을까.'

이런 걱정은 필요 없습니다. 심플한 공간에 머무는 것으로 즐길 수 있는 풍요로움이 있습니다. 말끔하게 정돈된 공간에 계절 꽃 한 송이가 꽂혀 있는 공간, 생각만으로도 아름답지 않나요? 선조들은 이 아름다움을 알고 있었던 것입니다.

기쁘게 버리는 마음을
키워 나간다

　석가모니는 서른다섯에 깨달음을 얻은 뒤, 여든으로 생을 마감하기까지 대부분 생을 여행에 쏟으며 각지에서 포교했습니다. 당시의 '출가(出家)'란 말 그대로 집을 나와 혼자 몸으로 수행과 전도의 여행을 계속하는 것이었습니다. 약 2,500년 전 인도에서의 여행은 상상을 초월할 만큼 고행이었겠지요. 그런 인도에서 아무것도 지니지 않고 한곳에 오래 머물지도 않으면서 석가는 45년이나 여행을 이어갔습니다.

거룩한 가르침을 전하는 석가모니에게는 가는 곳마다 신도들로부터 다양한 물품의 보시(布施)가 있었습니다. 하지만 이미 집착에서 벗어난 석가모니에게는 어떤 물건도 필요하지 않았습니다. 석가모니는 보시 받을 때마다 그 물건이 필요한 사람에게 바로 양도했지만, 그럼에도 또 다른 신도로부터 보시가 잇달았다고 합니다. 그래서 생활고로 고생한 적은 전혀 없었다고 전해집니다.

자기가 가진 물건이나 재산을 아까워하지 않고 어려운 사람에게 주거나 종교시설이나 자선단체에 기부하는 행위를 '기쁘게 버린다'라는 의미로 '희사(喜捨)'라고 합니다. 석가의 행위는 희사 그 자체였습니다.

손에 들어온 물건에 집착하지 않고 계속해서 처분하면 또 다른 새로운 물건이 찾아오는 순환이 생겨납니다. 이때 '내가 이만큼 해 줬으니 꼭 기억해야 한다'라는 욕심이나 '좋은 일을 한 나는 훌륭하다'라는 교만함이 있어서는 안 됩니다. 희사에는 사람을 돕는다는 큰 목적이 있습니다. 또한 계속 희사하면 돈이나 물건에 대한 집착에서 자유로워질 수 있는 훌륭한 공덕이 쌓입니다.

물건을 처분할 때도 희사의 사고방식을 염두에 두면 좋습니다. 소유에 집착하지 않고 기쁘게 버리거나, 남에게 양도하거나, 재활용 매장에 가져갑니다. 이 습관이 몸에 배면 저절로 모든 생활이 가벼워집니다. 그리고 새로운 물건이 차례차례 찾아옵니다. 물건에 집착하지 않는 마음이 만드는 신기한 순환이지요.

청소를 통해
덕을 쌓는다

종종 복지시설 등에 돈이나 물품을 익명으로 기부했다는 뉴스를 듣곤 합니다. 그런 뉴스를 접할 때마다 그분은 참으로 멋진 '음덕(陰德)'을 쌓고 있구나 하고 감동합니다.

음덕이란 남몰래 좋은 행동으로 덕을 쌓는 것입니다. 내가 했다고 소리 높여 주장하는 게 아니라 우아하고 품위 있게 조용히 선행을 베풉니다. 사회 공헌의 바람직한 형태가 아닐까요. 이런 삶의 방식은 저절로 배어 나와 주위에도 전해집니다. 음덕을 쌓고 있는 사람은 애써 자신을 내세우지 않아도 주위에서 먼저 인정하고 존경해 줍니다.

  사실 음덕을 쌓고 싶어도 무엇을 어떻게 해야 할지 모르는 사람도 많습니다. 하지만 특별한 것을 하지 않아도 됩니다. 청소를 해 보세요. 가정에서든 직장에서든 집 앞에서든 쓰레기가 눈에 띄면 줍습니다. 더러워진 곳은 쓱쓱 닦거나 쓸거나 합니다. 그것을 묵묵히 행합니다. 그 장소가 깨끗해지면 당신의 기분도 좋아지겠지요. 그리고 음덕도 쌓입니다.

  일본의 전통적인 풍습이 많이 남아 있는 교토에서는 집 대문 앞을 청소할 때 독특한 규칙이 있습니다. 이웃집과의 경계보다 양쪽으로 일 미터씩 더 넓게 비질하는 것입니다. 그 이상이 되면 불쾌감을 줄 수 있으므로 딱 일 미터로 정합니다. 물론 누구도 "집 앞을 쓸었습니다"라고 말하지 않습니다. 서로 할 수 있는 일을 하고 서로 도우며 살아갈 뿐입니다. 이것도 음덕의 한 형태로 옛사람들의 독특하고 세심한 표현입니다.

교토에서는 기업에서도 아침마다 사원들이 사옥 앞 도로를 청소하는 모습이 자주 보입니다. 어딜 가든 쓰레기 하나 눈에 띄지 않습니다. 이러한 전통이 남아 있는 것은 교토 사람들이 자기가 사는 마을에 대한 긍지가 높아서겠지만, 또 한 가지 다른 이유가 있습니다. 남을 위해, 마을을 위해 휴지를 줍거나 청소를 하면 기분이 좋아집니다. 사실은 '해 주는 것'이 아니라 '해 받는 것'입니다.

시험 삼아 눈에 띈 휴지를 주워 보세요. 기분이 맑고 밝아질 것입니다. 음덕을 쌓는 것의 진정한 공덕은 이런 데 있지 않을까요.

아름다운 꽃도
정성을 들여야 피는 것처럼

예쁜 꽃을 피우려면 흙을 갈고, 씨를 뿌리고, 물을 주고, 모종을 키우고, 한참 정성을 들여야만 합니다. 그 대신 정성을 들이면 들인 만큼 아름다운 꽃이 피어납니다.

인생도 마찬가지입니다. '이런 생활을 하고 싶다', '이런 사람이 되고 싶다'라고 마음먹는다 하여 당장 바뀌지는 않습니다. 정성을 들여 환경을 가다듬고 자신을 성장시키지 않으면 성과는 나오지 않습니다. 아무리 지시까 정보가 풍부해도 행동이 따르지 않으면 무엇 하나 바뀌지 않습니다. 머리로는 완벽히 이해했더라도 몸을 통해 습득하지 않으면 그 사람의 행동은 절대 바뀌지 않습니다. 손에 넣은 지식과 정보는 '그림의 떡'으로 끝나 버립니다.

이 책을 읽고 청소의 중요성을 깨달았더라도 실제로 청소를 시작하지 않으면 아무것도 이해하지 못한 것과 다름없습니다. 모든 것은 매일매일의 행동이 더해져 나타납니다. 자신을 바꾸고 싶다는 생각이 들 때, 그 생각을 어떻게 행동으로 옮길지, 그것을 어떻게 지속할지가 관건입니다.

초등학교에 들어가 글자를 배울 때, 몇 번이고 받아쓰기 연습을 합니다. 숙제로 국어 교과서를 반복해서 낭독했던 사람도 많을 겁니다. 누구나 그렇게 직접 손으로 쓰고, 소리 내어 읽고, 귀로 들으면서 글자를 익혀 왔습니다. 뭔가를 깊이 이해하려면 그것을 완전히 이해할 때까지 몸에 기억시키는 수밖에 없습니다. 질릴 만큼 몇 번이나 같은 과제에 몰두하면 어느 순간 눈을 감고도 할 수 있게 됩니다. 그 정도에 이르지 않으면 진짜로 이해했다고 말할 수 없겠지요.

수행승들의 수행도 매일 같은 일의 반복입니다. 좌선을 하고 경을 읊고 청소 등의 작무(作務)에 공을 들입니다. 일 년 365일 거의 같은 일과로 하루를 보냅니다. 하지만 그곳에는 새로운 발견과 배움이 있습니다. 그것을 깨달으면 그때까지와는 전혀 다른 새로운 자신이 보입니다.

지금 바로 인생을 바꾸고 싶어 하는 사람일수록 먼 곳을 보지 말고 발밑을 보세요. 지금 할 수 있는 것이 무엇인지를 찾아봅니다.

머리가 아닌 몸을 움직여야 피와 살이 된다

수행승은 거의 모든 것을 제 손으로 행합니다. 절대 남에게 맡기지 않습니다. 자기 몸을 사용하는 것이 수행이기 때문입니다. 기계에 맡기는 법도 좀처럼 없습니다. 제가 수행승이었던 시절에는 빨래판을 사용하여 직접 자기 옷을 빨았습니다. 아마 지금도 그럴 것입니다.

당신은 실제로 빨래판을 사용해 옷을 빨아 본 적이 있나요? 이것은 상당한 중노동입니다. 팔로 있는 힘껏 문지르지 않으면 더러움이 가시지 않습니다. 빨래를 짜는 것도 예삿일이 아닙니다. 그렇게 자기 손으로 직접 빨래를 해 보면 고작 빨래라고 해도 얼마나 힘든 일인지 느껴집니다. 터진 곳이나 흠이 난 부분도 빨래하면서 찾아낼 수 있지요.

스위치 하나로 빨래가 끝나면, 옷을 빠는 어려움을 실감하지 못하겠지요. 세탁기의 고마움을 느낄 일도 없겠지요. 이처럼 하나하나 자기 몸으로 확인하고 경험해 가는 것이 중요한 수행입니다.

지금 살아가고 있다는 실감이 잘 나지 않는다면, 이렇게 몸을 사용하는 일이 줄어들었기 때문이 아닐까요. 높은 건물에 오를 때도 엘리베이터를 이용하면 힘들이지 않고 금방 올라갈 수 있습니다. 지칠 일도 없습니다. 계단을 이용하여 올라가면 다리가 아프고 숨도 찹니다. 지치고 힘들겠지요. 하지만 힘들어도 다리를 움직이고 땀을 흘리며 한 계단 한 계단 걸어 올라갔을 때 '아, 이렇게나 높이 왔구나' 하는 것이 몸소 실감됩니다.

숨을 헐떡이며 '겨우 올라왔네. 아휴, 힘들어'라고 생각하는 그 순간, 사람은 자신의 생명을 느낍니다. 직접 손을 움직이고 다리를 움직인 모든 행동은 자신에게 고스란히 되돌아옵니다.

몸을 쓰면 다양한 것들을 몸으로 받아들이게 됩니다. 헬스장에서 운동하는 것도 좋고 동네를 한 바퀴 달리는 것도 좋습니다. 하지만 집에서 가장 먼저 할 수 있는 것이 청소입니다. 몸을 움직여 청소를 시작했을 때, 분명 눈에 들어오는 것이 있습니다.

내 행동을
다스리는 것부터 시작하라

　선의 가르침은 인간의 삶의 방식을 물어 진리를 탐구하는 '철학'이라고도 할 수 있습니다. 하지만 철학과 결정적으로 다른 점이 있습니다.

　선에는 날마다 실천, 즉 '수행'이라는 것이 있습니다. 철학은 학문이기에 지식을 늘리고 윤리적으로 사고하여 새로운 진리에 이르는 것을 목적으로 하지만, 선은 매일 좌선하고 부지런히 작무에 힘쓰며 심신을 단련히여 깨달음에 이르는 데 목적이 있습니다.

당나라 오조홍인(五祖弘忍) 선사에게는 신수와 혜능이라는 걸출한 제자가 있었습니다. 신수는 다음과 같이 말했습니다.

몸은 보리수요, 마음은 맑은 거울과 같으니
자주자주 부지런히 털고 닦아서
티끌과 먼지가 묻지 않게 하라.

"몸은 깨달음을 얻기 위한 보리수와 같고 마음은 흐림 없는 거울과 같다. 항상 털고 닦아서 먼지나 티끌이 하나도 묻지 않게 하라"라는 의미입니다.

살아가는 한 인간관계가 꼬이거나 남과 비교하여 기가 죽는 일은 누구에게나 있습니다. 그러면 '왜 나만 뜻대로 되지 않을까?'라는 생각에 무심코 빠져들기도 합니다. 그런 생각에 사로잡힐 때 우리는 스스로 불안이나 스트레스를 만들어 냅니다. 그것이 마음의 먼지나 티끌이 됩니다.

남과 비교하는 것은 아무런 의미가 없습니다. 고민스러운 인간관계 역시 너무 연연하지 않고 한 걸음 떨어져서 보면 달리 보입니다. 하지만 사람들은 대부분 그것을 깨닫지 못합니다. 마음의 먼지나 티끌에 미혹되어 너무 많은 생각으로 끊임없이 겉돌기만 하는 사람이 많기 때문입니다.

그런 상황을 풀어 주는 행위가 '청소'입니다. 무심하게 청소하는 것은 '행동을 닦는 것', 즉 '수행'입니다.

깨끗한 공간에서
마음을 리셋하라

 구석구석 빈틈없이 청소하여 군더더기 물건 하나 없는 깨끗한 방에서 당신은 무엇을 하고 싶나요? 저는 그런 방에서라면 '좌선'이 하고 싶습니다. 좌선은 선의 수행 가운데 기본입니다. 선승의 수행은 좌선에서 시작하여 좌선으로 끝납니다.

 발의 움직임과 손의 움직임을 멈추고 조용히 호흡하여 의식을 안으로 향합니다. 그렇게 그저 앉아 있기만 해도 번잡한 마음이 고요를 되찾습니다. 그리고 어느 순간, 무엇과도 대신할 수 없는 상쾌한 순간이 찾아옵니다. 평소에 마음을 어수선하게 했던 잡념에서 벗어나 무의 경지에 이르는 순간입니다. 일상생활에서도 깨끗하게 정리된 방에서 그런 체험을 할 수 있다면 얼마나 멋질까요.

좌선하고 천천히 호흡하면 혈류가 좋아져 손발 말단까지 피가 돕니다. 그리고 저절로 몸이 따뜻해집니다. 의학적으로도 좌선하는 동안 혈관이 열려 혈류가 25~28퍼센트나 증가하는 것으로 나타났습니다. 이와 반대로, 긴장하면 혈관은 15~20퍼센트 정도 수축한다고 합니다. 긴장으로 혈관이 수축한 사람과 느긋하여 혈관이 열린 사람은 혈액에 의해 뇌로 보내지는 산소의 양도 전혀 다릅니다. 당연히 그 사람이 가진 능력의 한계도 달라집니다.

좌선하는 동안에는 이완 효과로 뇌에서 알파파가 나옵니다. 최근에는 뇌 활성화 물질인 세로토닌도 활발히 분비된다는 사실이 밝혀졌습니다. 좌선으로 몸과 마음이 모두 상쾌해지는 것은 물론 뇌도 활성화됩니다.

효과를 주목받아서인지 최근에는 좌선에 관심 있는 사람들이 늘어 각종 모임이 많아졌습니다. 제가 주지로 있는 절에서도 매주 일요일에 좌선 모임을 엽니다. 참가자는 30대부터 70대까지로 폭이 넓고 주부나 회사원 등 이력도 다양합니다. 오래된 참가자 중에는 벌써 30년 가까이 꾸준히 좌선을 하는 분도 있습니다.

일주일에 한 번의 좌선으로도 '마음이 리셋'되는 것 같다고 합니다. "좌선 모임에 빠지면 마음이 안정되지 않는다"라는 말도 자주 듣습니다. 말끔히 정리된 방에서 당신도 좌선을 시작해 보는 것은 어떨까요.

매일 아침을 좌선으로
시작하면 바뀌는 것들

먼저, 좌선은 직접 체험해 보는 것이 중요합니다. 절에서 열리는 좌선 모임에 참여해 제대로 된 지도를 받는 것이 가장 좋지만, 기본만 잘 익히면 집에서도 충분히 연습할 수 있습니다. 좌선의 기본은 '조신, 조식, 조심'입니다.

조신(調身)

자세를 가다듬습니다. 등줄기를 쫙 펴고 턱을 당겨 바른 자세를 취하는 것이 중요합니다.

조식(調息)

호흡을 가다듬습니다. 복식호흡이 기본입니다. 단전에 의식을 집중하여 코로 천천히 호흡합니다.

조심(調心)

저절로 마음이 차분해집니다. 좌선 중에는 일상생활을 잊고 아무 생각도 하지 않습니다. 어떤 생각이 떠오르더라도 그 생각을 좇지 않고 내버려 두면 상쾌한 상태가 찾아옵니다.

이 '조신, 조식, 조심'의 과정을 무리 없이 경험할 수 있도록 합리적으로 사고할 수 있게 하는 것이 좌선입니다.

집에서도 쉽게 할 수 있는 기본적인 좌선법도 이어서 소개하겠습니다. 절에서는 좌선 시간을 선향 1개분, 약 40분을 기본으로 하지만, 집에서는 5분이나 10분 정도라도 충분합니다.

아침 청소를 끝내고 깨끗하게 정리된 방에서 좌선을 시작합니다. 깊은 호흡으로 몸이 깨어나 머리가 산뜻해집니다. 좌선이 하루의 워밍업이 되어 활력이 가득한 상태로 집을 나서게 합니다. 밥도 제대로 먹지 못하고 황급히 집을 나선 날과, 청소와 좌선을 마친 뒤 활력이 충만한 상태로 나간 날은 하루의 충실도에서 엄청난 차이가 납니다.

매일 아침 좌선을 습관으로 들이면, 이는 인생에서 얻는 가장 값진 재산과도 같습니다.

좌선을 위한
7단계 방법

 방을 정리하고 좌선할 장소를 정한 다음, 딱딱한 쿠션이나 방석을 준비합니다. 편안하게 집중할 만한 환경과 시간을 골라 몸을 조이지 않는 복장으로 행합니다. 양말을 벗고 액세서리나 시계 등은 풀고 벽을 향해 앉습니다(좌선용 방석이 있는 사람은 좌선용 방석을 사용합니다).

 ① **다리 꼬는 법**
 쿠션이나 방석을 반으로 접어 앞쪽에 엉덩이를 가볍게

올리고 결가부좌나 반가부좌를 합니다. 당일의 몸 상태나 체질을 고려하여 앉는데 무리가 없도록 합니다.

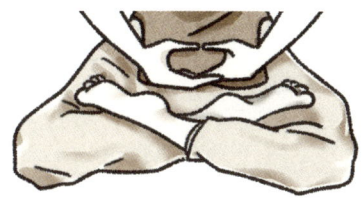

결가부좌

오른발 끝을 들어 왼쪽 넓적다리 위쪽에 올린 다음, 왼발 끝을 들어 오른쪽 넓적다리 위쪽에 올립니다.

반가부좌

오른발 끝을 왼쪽 넓적다리 깊숙이 넣은 다음, 왼발 끝을 올려 오른쪽 넓적다리 위쪽에 올립니다.

② 손 꼬는 법

오른손 손가락 위에 왼손을 얹고, 양손 엄지손가락을 붙여 달걀 모양을 만들어 법계정인(法界定印)을 꼬아 다리 위에 얹습니다. 엄지손가락에 힘이 지나치게 들어가지 않도록 주의합니다.

③ 상체의 자세

양 무릎과 엉덩이의 삼각점에서 상체를 지탱하고 등줄기를 바로 펴서 양어깨의 힘을 빼고 허리를 안정시킵니다. 턱을 당겨 꼬리뼈와 두정부가 일직선이 되도록 의식합니다.

④ 시선의 위치

눈을 반 정도 뜬 상태에서 시선을 사선으로 45도 떨어뜨려 약 1미터 앞을 봅니다. 눈을 완전히 감으면 졸음이 오기 쉬우므로 감지 않도록 합니다.

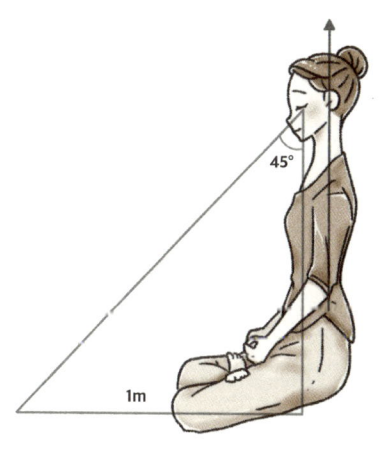

⑤ 좌우로 흔들기

 상반신을 추처럼 좌우로 흔들다가 서서히 흔들림이 적어지게 합니다. 좌우 어느 쪽으로도 기울어지지 않는 위치에서 멈추고 상체를 똑바로 안정시킵니다.

⑥ 호흡 방법

 편안한 자세로 2, 3회 크게 숨을 토하고 심호흡합니다. 그리고 단전을 의식하면서 천천히 코부터 복식호흡을 합니다. 자신의 페이스로 세심하고 길게 호흡합니다.

⑦ 좌선 시 주의 사항

이런저런 생각이 떠오른다면 '생각해서는 안 된다'라는 생각을 버리고 그대로 둡니다. 잠깐 있으면 떠오른 생각은 저절로 사라져 조용한 마음으로 되돌아옵니다. 다리가 불편한 사람은 의자에서도 가능합니다. 그 경우 등받이에 기대지 말고 걸터앉습니다.

마음을 가다듬으면
기회가 다가온다

기회는 춘풍과 같습니다. 춘풍은 어디에나 똑같이 불어옵니다. '이 사람은 성격이 나빠서', '저 사람은 밉상이라서'라며 취향대로 고르지 않습니다.

하지만 춘풍이 불어올 때 그것을 재빨리 감지하고 잡아 아름다운 꽃을 피우는 사람과 그렇지 않은 사람이 있습니다. 춘풍을 잡은 사람은 평소 그때를 위해 철저한 준비를 한 사람입니다. 춘풍을 잡지 못한 사람은 춘풍이 불고 나서야 준비를 하려는 사람입니다.

춘풍을 잡는 사람은 봄이 오면 바로 꽃을 피울 수 있도록 만반의 태세를 갖추고 '요인'을 미리 만들어 둡니다. 그래서 춘풍이라는 '연(緣)'이 다가왔을 때 재빨리 '연'을 엮어 꽃을 피웠던 것입니다. 한편 준비를 게을리한 사람은 요인을 만들어 두지 않았기 때문에 연이 다가와도 연을 엮지 못합니다. 다음 연이 다가온다는 보장은 어디에도 없습니다.

처음 좋은 연을 엮는 것을 "연기(緣起)가 좋다"라고 합니다. 한 번 맺은 좋은 연은 또 다른 좋은 연을 불러들이고, 그렇게 이어진 연은 끝없이 확장됩니다. 그러나 처음에 그릇된 연을 맺으면 그 뒤로 이어지는 연 또한 나쁜 흐름 속에 엮이고 맙니다.

날마다 노력해 첫 요인을 만드는 것은 다름 아닌 자신입니다. 이를테면, 큰 프로젝트 의뢰가 들어왔을 때 아직 준비가 덜 되었다고 거절한다면 다시 같은 수준의 의뢰가 들어올 일은 없다고 봐야겠지요. 언제 기회가 와도 괜

찮게끔 평소 좋은 요인을 만들어 두는 것이 중요합니다.

그러기 위해 우리가 평소에 할 수 있는 일은 무엇이 있을까요. 역시 청소만큼 좋은 게 없습니다. 어질러진 방에서는 아무리 마음을 맑게 유지하려 해도 마음의 먼지가 방해를 합니다. 눈앞에 물건을 바르게 비추는 맑은 마음은 맑은 환경에서 생겨납니다.

매일 해이해지지 않고 계속 청소해 나가면 저절로 작은 자연의 변화나 사소한 일에도 감동하게 됩니다. 고마움을 느끼며 감사하는 시간이 늘어납니다. 그러한 마음의 여유와 감사의 시간이야말로 일상을 풍요롭게 하고 좋은 연을 엮을 준비를 하도록 도와줍니다. 그리고 기회를 잡는 힘이 됩니다.

· 나가며 ·

'이 정도면 할 수 있다'라는 마음가짐으로

지금 당신은 이 책을 읽고 '이거라면 할 수 있겠다'라는 생각이 들지 않나요? 아니면 '도저히 할 수 없을 것 같다'라는 생각이 드나요? 처음부터 책에 나오는 모든 것을 하려고 하면 상당히 어려울지도 모릅니다. 중요한 것은 일시적으로 방을 깨끗이 하고 만족하는 게 아니라 계속하는 것입니다.

먼저 '이 정도면 할 수 있겠다'라고 생각되는 것부터 시작해 보세요. 하나든 둘이든 상관없습니다. 100일을 계속하면 그것은 습관이 됩니다. 선의 수행에 끝이 없듯이 청소에도 끝이 없습니다.

  이 책을 항상 곁에 두고 기회 있을 때마다 펼쳐 보세요. 이 책이 당신이 풍요로운 마음으로 단순하게 살아가는 길잡이가 된다면 그보다 기쁜 일은 없겠습니다.

쓸고 닦고 버리고 정리하는 법
스님의 청소법

1판 1쇄 2025년 10월 2일
1판 2쇄 2025년 11월 4일

지은이 마스노 슌묘
옮긴이 장은주
펴낸이 유경민 노종한
기획마케팅 1팀 우현권 이상운 **2팀** 최예은 전예원 김민선
디자인 남다희 허정수
기획관리 차은영
펴낸곳 유노콘텐츠그룹 주식회사
법인등록번호 110111-8138128
주소 서울시 마포구 동교로17안길 51, 유노빌딩 3~5층
전화 02-323-7763 **팩스** 02-323-7764 **이메일** info@uknowbooks.com

ISBN 979-11-7183-139-5 (03190)

- — 책값은 책 뒤표지에 있습니다.
- — 잘못된 책은 구입한 곳에서 환불 또는 교환하실 수 있습니다.
- — 유노북스, 유노라이프, 유노책주, 향기책방은 유노콘텐츠그룹의 출판 브랜드입니다.